창조와 파괴의 여신

카미유 클로델

창조와 파괴의 여신

카미유 클로델

은미희 지음

자음과모음

차례

1장

순수했던 어린 시절

탄생

"배가, 배가 아파요. 아기가 나오려나 봐요."

클로델 부인은 부른 배를 안은 채 남편을 향해 소리쳤다. 그녀의 뱃속에서 열 달 동안 튼실하게 자라던 아이는 이제는 어머니의 자궁이 좁다는 듯 세상 밖으로 나오려고 몸을 틀어 대고 있었다. 뱃속의 아기가 힘차게 발길질을 할 때마다 클로델 부인은 신음하며 남편, 루이 프로스페에게 말했다.

"아들이었으면 좋겠어요."

"걱정하지 말아요. 틀림없이 아들일 거요."

산통으로 일그러져 있던 클로델 부인의 얼굴에서 일순 희미한 미소가 피어났다. 남편 루이 프로스페는 힘들어하는 아내의 손을 꼭 잡아 주며 다정하게 말했다. 클로델 부인의 얼굴은 부숭부숭하게 부어 있었다. 산통이 한 번씩 격랑처럼 밀어닥칠 때면 온몸이 열릴 듯 아팠지만 클로델 부인은 곧 태어날 아기에 대한 기대감으로 그 아픔마저도 행복하게 느껴졌다.

클로델 부인이 기다리는 것은 아들이었다. 건강한 사내아이. 클로델 부인은 아들을 낳는 것이 자신에게 주어진 최고 임무인 양 곧 태어날 아이에게 모든 삶의 기대를 걸었다. 분명 아들일 것이다. 클로델 부인은 조만간 대면할 아이가 아들임을 의심치 않았다.

휘이잉. 밖에는 칼바람이 몰려다녔다. 바람이 금방이라도 창문에 걸어 놓은 걸쇠를 부수고 방 안으로 쳐들어올 것만 같았다. 12월의 바람답게 기세가 매섭고도 차가웠다. 휘이~잉. 바람은 소리만으로도 방 안의 사람들을 진저리치게 만들며 옷깃을 여미게 했다.

루이 프로스페는 아내의 손을 놓고 불이 타고 있는 난로에 나무를 더 집어넣었다. 타닥. 탁. 불땀 좋게 타오르는 땔감에서 불티들이 가볍게 날아다녔다. 그 모습을 보며 루이 프로스페는 불의 신과 나무의 정령들이 곧 태어날 아이를 축하해 주는 듯 느꼈다.

밖은 바람의 세상이었지만 방은 안온했다. 방의 안온함을 시샘하듯 바람이 창틀을 흔들어 대며 방 안으로 침입하려 했지만 걸쇠는 튼튼했다. 루이 프로스페는 그래도 미심쩍은 듯 창문의 걸쇠를 다시 한 번 확인했다. 모든 것은 완벽했다. 실내는 따뜻했고, 산모는 건강했으며, 산파는 달려오는 중이었다. 그는 새로 태어날 아이에 대한 기대로 흐뭇했다.

루이 프로스페는 기분이 좋았다. 지난번 얻은 아이는 태어난 지두 주일 만에 잃었다. 아들이었는데, 보름 만에 아이는 부모의 곁을떠나 먼 세상으로 가 버렸다. 클로델 부부는 첫아이를 잃은 슬픔을잊을 수 없었다. 아이를 잃은 것이 마치 자신의 잘못인양 클로델 부인은 몹시 슬퍼했고, 그녀는 신경질적으로 변해 버렸다.

"너무 슬퍼하지 말아요. 아이는 좋은 곳으로 갔을 거요."

루이 프로스페가 아내를 위로했지만 그녀는 남편의 위로를 받아들이지 않았다. 아니, 클로델 부인은 남편 루이 프로스페를 원망했다. 남편이 아이를 좀 더 제대로 보살펴 주었다면 아이는 무사했을거라고 생각하니 남편에게 오히려 서운한 마음이 들었던 것이다. 샤를 앙리. 루이 프로스페와 클로델 부인간의 첫 번째 아이의 이름이었다.

루이 프로스페는 클로델 부인의 원망을 피해 날이 저물면 집을나가 밤늦게서야 돌아왔다. 그 역시 잃은 아이 때문에 마음이 아팠지만 그렇다고 자신의 마음을 정직하게 내보여 줄 수는 없었다. 아내의 슬픔만으로도 집 안의 분위기가 무겁고 어두운데 거기에다자신의 아픔까지 얹어 놓을 수 없었던 것이다.

클로델 부인은 그런 남편을 오해했다. 둘의 관계가 서름하게 변하면서 자연스럽게 부부의 말다툼은 잦아졌다. 클로델 부인은 제발 이번 아이가 아들이기를 바랐다. 아들이라면 부부 사이도 예전처럼 다정스러워질 수 있을 것이라고 클로델 부인은 믿어 의심치 않았다.

"오, 하나님. 꼭 아들을 낳게 해 주세요. 지난번처럼 예쁜 아이를 주세요."

그랬다. 클로델 부인은 하루에도 여러 번, 부른 배를 쓰다듬으며 기도를 했다. 손바닥으로 따뜻한 기운을 느끼며 클로델 부인은 이번에도 분명히 아들일 거라 확신했다.

둘은 나이 차이가 많았다. 의사인 홀아버지 밑에서 자란 클로델 부인은 루이 프로스페를 만나 사랑에 빠졌다. 잘 웃고 청순하던 처녀 루이즈 아테네즈 세르보는 루이 프로스페 클로델에게 한눈에 반해 버렸던 것이다. 멀리서 그를 보기만 해도 뛰는 가슴을 진정시킬 수가 없었다. 사랑에 빠지는 순간 루이즈아테네즈는 세상이 모두 자신을 위해 존재한다고 여겼다. 나무들도 둘의 사랑을 축복해 주기 위해 존재하고, 이웃들도 사랑에 빠진 자신을 격려하는 듯했다. 무엇도 둘의 사랑을 방해하지 못했다.

영원히 행복하리라 믿었던 부부는 샤를 앙리가 보름도 살지 못하고 세상을 떠나 버리자 모든 게 변했다는 것을 알았다. 앳되고 착하기만 한 처녀였던 루이즈아테네즈 세르보는 심술궂은 여자로 변해 버렸고, 루이 프로스페 클로델은 더욱 말이 없는 사람이 되어 갔다.

그러나 이번 아이가 태어나면 달라질 것이라고 클로델 부인은 굳게 믿었다. 다시 예전의 관계로, 자신은 상냥하고 다소곳한 부인으로, 그리고 루이 프로스페는 자상하고 다정한 남편으로 되돌아갈 것이라고 말이다. 벌써 저렇듯 타오르는 불꽃들과, 거리에 몰려다니는 바람까지 곧 태어날 아기를 축복해 주고 있지 않은가.

첫 번째 아이에 대한 상실감이 큰 만큼 이번 아이에 대한 기대와 설렘은 배로 커졌다. 루이 프로스페는 아내 곁을 서성거렸다. 아내의 얼굴은 땀으로 번들거렸다. 루이 프로스페는 아내의 손을 잡고 산통으로 힘들어하는 아내를 위로했다.

"힘내요. 이번에는 분명 건강한 아기가 태어날 거요. 암, 당신 닮아서 예쁠 거요. 그러니 힘내요."

클로델 부인은 극심한 고통에 울부짖었다.

"여보, 조금만 참아요. 곧 산파가 올 거요."

루이 프로스페는 초조하게 문 쪽을 바라보았다. 금방이라도 아이가 나올 것만 같은데, 산파는 아직 감감무소식이었다.

아침부터 시작된 클로델 부인의 산통은 점점 더 심해지고 있었다. 아내가 고통스러워할수록 아이는 더 빨리 나올 것이다. 루이 프로스페는 초조하게 방 안을 돌아다녔다. 그러는 동안 간간이 아내의 손을 잡아 주고, 난로에 장작을 집어넣고, 힘들어하는 아내를 격려했다. 이제 드디어 자신도 아버지가 된다는 사실이 루이 프로스페의 가슴을 뻐근하게 만들었다.

밖은 여전히 바람이 거셌다. 12월, 한겨울의 바람은 칼끝처럼 매섭기만 했다. 하지만 루이 프로스페에게 그때만큼은 바람 소리가 태어날 아이를 위한 축가 내지는 생의 찬미처럼 들렸다. 곧 태어날 아이도 저 바람처럼 강인할 것이다. 바람은 들판과 산을 한걸음에 달려와 밑동 굵은 나무를 흔들고, 집집의 대문과 창문을 두드리고, 그리고 아이에게 저 산과 들판 너머의 이야기를 전해 줄 것이다. 어쩌면 그 아이도 저 바람처럼 사람들에게 많은 이야기를 해 줄지 모른다.

산파는 왜 이리 오지 않는지. 루이 프로스페는 초조한 얼굴로 자꾸만 밖을 살폈다.

"곧 올 거예요. 그러니 클로델 선생님, 좀 앉아서 기다리세요. 자꾸만 선생님하고 부딪칠까봐 일을 제대로 못하겠어요."

집에서 일을 도와주는 빅투아르가 붉어진 얼굴로 말했다.

"아, 미안해요."

루이 프로스페는 문을 닫고 나왔다. 거실에는 곧 태어날 아이의 외할아버지인 신부님도 와 있었다.

마침내 산파가 도착했다. 사나운 바람을 헤치고 도착한 산파의
코는 추위로 빨갛게 물들어 있었다. 루이 프로스페는 피에로처럼
빨간 산파의 코끝이 귀엽다고 느꼈다. 그리고 자신의 아이도 분명
귀여울 거라고 생각했다.

"아내가, 아내가 곧 해산을 할 것 같아요."

루이 프로스페는 흥분을 감추지 못하고 낮게 소리쳤다. 늙은 산
파는 외투를 벗어 루이 프로스페에게 주고 클로델 부인에게로 갔
다. 하지만 산파는 뒤따라 들어오는 그를 방 밖으로 밀쳐 냈다.

"밖에서 기다려요."

탁. 바로 코앞에서 문이 닫혔다. 루이 프로스페는 진정을 할 수가
없었다. 방문 너머에서 아내의 신음이 들릴 때마다 가만히 앉아 있
지 못하고 자리에서 벌떡 일어나 복도를 서성거렸다. 그는 아들이
든 딸이든 건강한 아이만 태어나면 좋겠다고 생각했다. 보름도 살
지 못하고 자신의 곁을 떠나 버린 첫아이를 생각하면 지금도 명치
끝이 저리기만 했다. 하지만 아내 루이즈아테네즈는 아들을 기다
렸다.

"이번 아이도 분명 아들일 거예요."

가끔 클로델 부인은 흔들의자를 창문가에 가져다 놓고 밖의 풍
경을 내다보고 배를 쓰다듬으며 꿈꾸는 듯한 어조로 말했다.

"맞아요. 아들이에요. 이렇게 힘차게 발길질을 하는 걸 보면 분

명 아들이에요. 지난번 우리 첫애도 이랬어요. 아니, 그 애보다 발힘이 더 센걸요. 그러니 아들이에요. 당신 닮아 잘생기고 자상한 아들이면 좋겠어요."

배속의 아이는 클로델 부인의 말에 화답이라도 하듯 그때마다 더 힘차게 발로 찼다. 아이가 발길질을 할 때마다 클로델 부인은 낮게 신음하며 행복한 미소를 지었다.

루이 프로스페는 딸이든 아들이든 상관없지만 그토록 원하는 아내를 위해서는 아들이면 좋겠다는 생각을 할 때도 있었다. 아내의 신음으로 미루어 보아 금방이라도 아이가 나올 것만 같은데 방에서는 아무런 기별이 없었다. 루이 프로스페는 조바심에 요의까지 느꼈지만 자리를 떠날 수가 없었다. 아이가 세상에 나와 첫울음을 우는 그 감격의 순간을 놓치고 싶지 않았던 것이다. 그는 초조한 표정으로 방문을 흘깃거렸다. 왜 이렇게 더딘지. 그는 혼잣말로 중얼거렸다.

아앙아앙!

잠시 후, 건강한 아이의 울음소리가 들려왔다. 루이 프로스페는 기쁨에 찬 얼굴로 성큼 방문으로 다가갔다. 그때였다. 문이 열리더니 산파의 상기된 얼굴이 나타났다.

"아이는요? 아이는 건강한가요? 아내도 별 탈 없겠지요?"

루이 프로스페는 외치듯 물었다.

"네, 둘 다 건강합니다."

평소 무뚝뚝하던 산파도 이때만큼은 환하게 웃으며 대답했다. 루이 프로스페는 산파를 제치고 방 안으로 들어갔다. 산파가 미처 말릴 새도 없었다. 클로델 부인은 지친 듯 누워 있었고, 인형 같은 작은 아이는 요람에 눕혀 있었다. 갓난아이인데도 불구하고 이목구비가 뚜렷하니 예뻤다. 갈색 머리의 갓난아이는 너무나 작아 보였다.

하지만 아이는 아들이 아니라, 딸이었다. 아직 양수도 채 마르지 않은 아이는 작은 손을 고물거리며 처음 대면한 아버지에게 인사를 했다. 루이 프로스페는 아이가 작은 물고기 같다고 생각했다. 그리고 작고 연약한 아이가 마냥 안쓰럽기만 했다.

"아들이죠? 그렇죠?"

루이 프로스페를 보고 클로델 부인이 지친 음성으로 물었다. 오랜 산통으로 음성은 지칠 대로 지쳐 있었지만 마음 한 구석의 기대감으로 생기가 묻어났다.

"예쁜 공주님이에요."

대답한 사람은 루이 프로스페가 아니라 늙은 산파였다. 키가 작고, 구겨진 종이를 펴 놓은 것처럼 얼굴에 쭈글쭈글 주름이 나 있는 산파의 대답이 끝나자마자 클로델 부인의 표정이 대번에 시무룩하게 죽었다.

"실망하지 마. 아기가 얼마나 예쁜지 몰라. 당신을 닮았어."

루이 프로스페는 딸이라는 말에 낙담하는 아내를 다정하게 위로했다. 하지만 클로델 부인은 고집스럽게 고개를 돌린 채 자신의 뱃속에서 나온 아기를 바라보려 하지 않았다. 부인의 눈에서 눈물이 흘러내렸다. 그녀는 한 마디도 하지 않고 그저 소리 없이 울 뿐이었다. 그런 아내와는 달리 루이 프로스페는 두 번째로 얻은 아이가 마냥 사랑스럽기만 했다.

아이의 외할아버지인 신부는 종을 울리며 아이의 탄생을 세상에 알렸다. 이 아이가 바로 카미유 클로델이었다. 1864년 12월 8일, 프랑스 페레의 등기소 소장인 루이 프로스페 클로델과, 의사의 딸이자 마을 주임 사제의 조카인 루이즈아테네즈 세르보 사이에 태어난 두 번째 아이였다.

"난 이 아이를 카미유라고 부르겠어요."

클로델 부인은 태어난 지 이 주일 만에 죽은 아들을 기리는 마음에서 딸의 이름을 카미유라고 지었다. 카미유라는 이름은 양성적인 이름이었다. 카미유는 다행히 2주일을 넘기고서도 무럭무럭 잘자랐다.

자연의 아이

카미유는 자신이 태어나던 날, 창문을 두드리던 갈기 세운 바람처럼 거침이 없었다. 커다란 초록빛의 눈을 지닌 카미유에게는 날이 갈수록 범상치 않은 아름다움이 흘렀다. 때로 세상을 바라보는 카미유의 눈빛은 사슴처럼 순하다가도 어느 순간에는 전혀 길들여지지 않은 야생의 눈빛으로 변해 있었다. 한 번 깜박이면 금방이라도 눈물이 흘러내릴 것만 같은 슬픈 눈이다가도 어느 순간에는 광채가 서린 눈빛으로 변하는 것이었다. 게다가 황금빛으로 빛나는 풍성한 갈색 머리카락은 카미유의 눈빛을 더 매력적으로 보이게 했다.

아버지 루이 프로스페는 카미유의 그런 눈빛을 사랑했다. 카미유에게는 뭔가 특별한 것이 있는 것 같았다. 하지만 카미유의 어머니는 딸을 싫어했다. 카미유를 얻기 전 2주일 만에 아들을 잃었던 그녀는 극심한 우울증을 겪고, 신경이 예민해져 있는 상태였다. 모성애조차 카미유에게는 해당되지 않는 말이었다. 클로델 부인은 카미유의 모든 것을 마음에 들어하지 않았다.

"너는 왜 매사가 그 모양이니? 여자애면 여자애답게 다소곳하게 지낼 일이지, 그렇게 나대기만 하면 어쩌니? 또 고집은 어떻고? 동생들을 데리고 차분히 집 안에서 놀면 좋겠는데, 너란 애는 도무지 알 수가 없구나."

카미유는 그럴 때마다 시무룩해졌지만 이유 없이 자신을 미워하는 어머니를 이해하려 노력했다. 여자가 힘들게 낳은 아이를 잃었다는 것은, 더구나 그토록 기다리던 아들을 잃었다는 것은 참으로 슬픈 일이다.

집안일을 돕는 하녀, 빅투아르가 그렇게 설명해 주었다.

"아가씨가 어머니를 이해해 드려야 해요. 충격이 너무 심했거든요. 게다가 어머니는 아가씨가 아들일 거라 철석같이 믿었는데, 그런 기대를 저버리고 아가씨가 태어났으니까요. 여자는 아이를 잃으면 무척 힘들답니다. 게다가 아가씨는 맏이니까, 누구보다도 그런 어머니를 이해해 드려야 하고요."

카미유는 빅투아르의 말처럼 어머니를 이해했다. 어머니의 사랑을 애걸하지도 않았고, 투정을 부리지도 않았다. 게다가 자신은 맏이이므로 누구보다도 그런 어머니를 이해해야 한다고 생각했다. 어머니가 날카로운 음성으로 자신을 나무라면 그저 말없이 어머니 앞을 물러났을 뿐이다.

대신 카미유는 집 밖의 세상에서 편안함을 느꼈다. 너른 대지는 곧 어머니의 품처럼 안온하게 여겨졌고, 들판 너머 숲속의 풀과 나무들이 어머니의 부드러운 손길처럼 다가왔다. 또 들판과 산을 넘어온 바람이 어머니의 숨결과 다정한 말처럼 느껴졌다. 카미유는 시간만 나면 밖으로 나갔다.

그랬다. 카미유는 밖으로 나오면 숨이 트이는 것만 같았다. 끊임없이 이어지는 어머니의 야단과 꾸지람으로부터 잠시 벗어난 해방감도 있었지만 그보다는 코끝에 감도는 풀 냄새와, 발바닥을 간질이는 흙과 바람의 냄새가 좋았다. 카미유는 온몸으로 자연을 느낄 수 있었다.

카미유는 오늘도 어머니의 새된 잔소리를 피해 살그머니 밖으로 나왔다. 자신이 나가는 기척을 낸다면 분명 폴이 따라온다고 성화를 부릴 것이고, 어머니 역시 야단을 칠 터이므로 한껏 조심하며 도둑고양이처럼 소리 없이 나왔다. 카미유는 이 자유를 아무에게도 방해받고 싶지 않았다.

자신의 벗은 수없이 많았다. 나무나 풀, 자그마한 돌멩이들. 집만 벗어나면 주변에 펼쳐진 자연들은 카미유의 마음을 어루만지며 포근하게 감싸 안아 주었다. 자연은 곧 어머니의 품과 같았다. 아니, 오히려 어머니에게서 한 번도 느껴 본 적 없는 따뜻함이고, 든든함이었다. 싱그러운 공기, 비릿한 나뭇잎의 냄새, 부드럽고 촉촉한 땅, 후드득 날아가는 새들까지……. 카미유는 그 모든 것들이 사랑스럽고 친숙했으며, 자신만의 공간에 들어온 양 마음이 편안하게 가라앉았다. 그 공간도 카미유를 기다리고 있는 듯했다.

"안녕."

카미유는 너른 들판을 달려가면서 마주치는 모든 것들에게 인사를 했다. 머리 위로 날아가는 새들에게도, 길가의 돌멩이에게도, 밑동만 남은 나무와 볼품없이 서 있는 비쩍 마른 나무에게도 인사를 했다. 카미유가 인사를 하면 그것들은 마치 생명이 있는 사물들처럼 생기가 돌며 화답했다. 이상한 일이었다.

"안녕, 카미유."

"안녕, 카미유."

머리 위로 날아가는 새는 새들의 음성으로 대답했고, 돌멩이는 돌멩이의 음성으로, 밑동만 남은 나무와 볼품없이 서 있는 나무도 자신만의 음성으로 대답했다.

카미유 역시 자연의 일부분이었다. 그들의 숨소리를 듣고, 그들의 언어를 알아들을 수 있으며, 그들과 이야기를 나누는 카미유는 자연의 아이였다.

카미유의 은밀한 왕국에는 친구들이 많았다. 카미유는 자신의 벗들에게 일일이 이름을 붙여 주었다.

카미유는 부드럽게 밟히는 흙을 만지작거렸다. 한 줌 쥐었다 펴면 흙은 스르르, 손가락 사이를 간질이며 빠져나갔다. 카미유는 그 느낌이 좋았다. 몸으로 느낄 수 있다는 것은 언제나 특별한 느낌으로 다가왔다.

흙은 카미유를 유혹했다.

"나를 가지고 네가 만들고 싶은 것을 만들어 봐. 사랑스러운 네 동생 폴도 만들고, 너도 만들어 봐. 나를 반죽해 그것들을 만들어. 나를 사랑하니까 너는 얼마든지 잘할 수 있을 거야."

흙은 그렇게 카미유와 교감했다.

카미유는 그 흙에 물을 부어 반죽하기 시작했다. 가루로 날리던 흙은 카미유의 손끝에서 뭉쳐지고 덩어리를 이루었다. 카미유는 적당히 잘 반죽된 상태를 알았다. 카미유는 너무 무르지도 않고 되지도 않은 상태여야만 자신이 원하는 결과를 얻을 수 있다는 사실을 알고 있었다. 그녀는 이제 무엇이든 만들 수 있었다.

카미유는 폴을 만들고 싶었다. 귀여운 폴. 언제나 따라오겠다고 귀찮게 굴지만 그래도 폴은 사랑스러운 동생이었다. 카미유는 우선 대강의 틀을 만들었다. 머리와 몸통, 그리고 팔과 다리를 만들었다. 눈은 동그랗고 코는 우뚝한, 폴. 흙으로 빚은 폴은 무표정했다. 카미유는 폴의 표정 없는 얼굴이 마음에 들지 않았다. 폴은 호기심이 많았고, 언제나 자신에게 이것저것을 물어 왔다.

카미유는 표정 없는 얼굴을 뭉개 버렸다. 폴의 표정을 다시 살려야 했다. 잘 반죽된 흙은 그녀의 손끝에서 고분고분 말을 잘 들었다. 이번에는 실패하지 않으리라. 카미유는 폴의 눈빛을 살리는 데 시간을 많이 들였다. 자신을 바라보는 폴의 눈빛이 반짝이는 듯했다. 이번에는 마음에 들었다.

"안녕, 폴."

카미유는 자신이 방금 빚은 동생에게 인사를 했다. 폴은 웃고 있었다.

"누나의 세상에 온 걸 환영해."

카미유는 폴을 응달진 바위 위에 올려놓았다. 햇볕에 놓으면 금방 금이 가서 얼굴이 이상하게 뒤틀리므로 햇볕을 피해야만 했다. 카미유는 계속해서 친구도 만들고, 동생 루이즈도 만들고, 마을의 심술궂은 할멈도 만들고, 집안일을 하는 사람들도 만들었다. 카미유의 기분이 좋을 때면 흙 인형들도 웃는 얼굴을 했고, 카미유가 슬플 때는 흙 인형들도 슬픈 눈을 했다.

인형들은 카미유에게 둘도 없는 친구들이었다. 어머니에게는 내보일 수 없는 마음도 그들에게는 털어놓을 수 있었고, 그들도 어머

니보다 더 다정하게 카미유에게 말을 걸어왔다. 카미유는 인형들이 어머니보다 더 살갑게 느껴졌다. 만지면 만지는 대로 손끝에서 새롭게 태어나는 흙 인형들은 그녀의 마음을 사로잡았다.

카미유는 인형들에게서 이상한 힘을 얻곤 했다. 자신도 알 수 없는 힘에 조종을 받는 것처럼, 흙을 만질 때마다 손끝에서 느껴지는 힘을 카미유 자신도 이해할 수 없었다. 짓이기고 반죽할 때마다 손가락 사이를 간지럽게 빠져나가는 흙덩이들은 카미유의 마음 깊이 숨겨진 욕망을 깨워줬다. 힘을 주고 뺄 때마다 드러나는 굴곡과 선과 면들은 단지 흙덩이에 불과했던 것들에 새로운 생명을 심어 주고, 왠지 모르는 기쁨을 카미유에게 안겨 주었다.

어느 날 카미유는 자신이 빚은 흙 인형을 폴에게 내밀었다.

"이게 뭐야?"

네 살 아래인 폴은 누나의 손에 들린 흙 인형을 바라보았다.

"인형이야. 받아. 너 주는 거야."

폴은 카미유가 내민 흙 인형을 손에 받아 들고 신기하다는 듯 이리저리 살펴보았다. 곧은 콧날에 반듯한 이마, 그리고 커다란 눈은 영락없이 폴을 닮아 있었다. 사람과 똑같은 흙 인형을 바라보는 폴의 신기한 표정에 카미유는 빙그레 웃었다.

"이거 정말 누나가 만들었어?"

"그럼. 너야, 폴."

"이게 나라고?"

"그래. 네 눈빛하고 같지 않니?"

카미유는 웃음 띤 얼굴로 말했다.

"내가 이 인형처럼 개구쟁이 표정을 하고 있다고?"

"그래. 맞아."

폴은 재미있다는 듯 카미유가 만든 흙 인형을 이리저리 한참 들여다보았다.

"정말 잘 만들었어, 누나."

대단하다는 표정으로 폴이 카미유를 바라보았다.

"이거 말고도 많아."

"정말?"

폴은 눈을 반짝였다.

"그럼, 정말이고말고. 보고 싶니? 보고 싶으면 말해. 언제든지 보여 줄 수 있으니까."

카미유는 폴이 자신이 만든 흙 인형을 좋아하는 것을 보고는 의기양양하게 말했다. 폴이 이토록 좋아할 줄이야. 카미유는 어느 때보다도 자신감이 생겼다. 진작 폴에게 자신이 만든 인형들을 보여 주지 않은 것이 조금 아쉽기마저 했다.

최초의 후원자 폴. 폴은 귀여운 표정으로 누나가 자신을 본떠 만든 인형을 조심스럽게 만지며 놀고 있었다. 거실 안까지 밀려들어

온 햇볕으로 집 안은 어느 때보다 아늑했고, 폴의 머리카락은 빛을 받아 반짝였다.

그때였다. 어머니가 몹시 화가 난 표정으로 다가오더니 폴의 손에서 흙 인형을 낚아채 이내 창문 밖으로 내던져 버렸다.

"어디서 매양 싸돌아다니다 이제야 들어오는 거냐? 도대체 밖에서 무얼 하는지 알 수가 없구나. 맏이가 돼서는 동생들한테 좋은 본보기가 되지 못하고 밖으로만 나돌다니, 원. 한데 이게 뭐야? 어디서 이렇게 옷을 더럽힌 거야? 흙투성이하고는. 너 하나로도 부족해 이제는 동생까지 흙을 가지고 놀게 만드는 거냐? 이젠 정말 나도 지친다."

카미유는 어머니의 꾸지람에 얼른 자신의 옷을 살펴보았다. 발목까지 내려온 치마 여기저기에 흙덩이들이 묻어 있었고, 거실 바닥에는 자신이 지나온 자리를 따라 흙 부스러기가 어지럽게 널려 있었다.

"제가 치울게요."

카미유는 황급히 바닥에 떨어진 흙 부스러기들을 쓸어 모았다.

"도대체 너라는 애는 알 수가 없다. 네 동생 루이즈를 봐라. 걔는 얼마나 얌전하니? 동생은 다소곳하니 여자애 같은데, 너는 왜 그 모양인지 알 수가 없구나. 루이즈가 치는 피아노 소리를 들어 봐라. 얼마나 잘 치니? 너도 네 동생과 같아질 수는 없는 게냐?"

어머니의 꾸지람은 길고도 사막스러웠다. 그 옆에서 폴은 눈을 크게 뜨고 금방이라도 울 듯한 표정을 짓고 있었다.

카미유는 마른 흙이 가루로 부서져 날리는 옷을 벗고 말끔히 세탁된 옷으로 갈아입었다. 하지만 그 통에도 그녀의 마음은 어머니가 창문 밖으로 내던져 버린 흙 인형에 가 있었다. 비록 흙으로 빚은 것이었지만, 버려진 그 흙 인형의 마음이 아플 거라고 생각하자 견딜 수 없었다.

시간이 얼마간 지난 후, 카미유는 어머니의 눈을 피해 밖으로 나가 인형을 찾았다. 인형은 무참히 목이 부러진 채 눅눅한 흙 속에 처박혀 있었다. 댕강 부러져 몸통에서 떨어진 얼굴에는 아직 웃음이 가시지 않았지만 카미유는 마치 자신의 목이 부러진 듯 아프기만 했다. 빅투아르가 깨끗하게 세탁해 놓은 옷으로 갈아입었지만 목이 부러진 폴을 그대로 두고 올 수 없었다. 카미유는 조심스럽게 흙 인형의 목을 붙였지만 아무리 해도 처음처럼 되돌릴 수 없었다.

"이게 무슨 짓이야?"

그새를 참지 못하고 흙을 만지작거리는 카미유에게 클로델 부인은 날카롭게 소리를 질렀다. 클로델 부인의 눈에는 딸이 흙장난을 하고 있는 것처럼 보였기 때문이었다.

"무슨 소란이오?"

그때 마침 직장에서 돌아오던 카미유의 아버지가 이 광경을 목도하고는 잰걸음으로 모녀에게 다가왔다. 키가 크고 몸이 마른 루이 프로스페는 마뜩잖은 듯 표정이 일그러졌다.

"이 아이의 모습을 보세요. 방금 갈아입은 옷을 또 망쳐 놓았어요. 그렇게 흙장난을 하지 말라고 주의를 주었건만 쇠귀에 경 읽기예요. 난 이제 카미유에게 두 손 두 발 다 들었어요. 이젠 야단을 치는 일도 진력이 난단 말이에요. 어디 내 말을 들어야지요."

마치 응원병이나 만난 듯 클로델 부인은 남편을 향해 격앙된 음성으로 말했다.

"허허. 애들은 다 그렇게 크는 거요. 그러니 너무 나무라지 말아요."

"애들 셋 키우기가 얼마나 힘든지 아세요? 더구나 카미유는 동생들에게 모범을 보여야 할 맏이라고요. 동생들이 흙장난을 하면 못하게 말려야 할 사람이란 말예요. 한데 동생들은 그렇지 않은데, 맏이가 돼가지고 저렇듯 매양 흙장난만 해대니 정말이지 이제 더는 참을 수가 없어요."

"다행이지 않소. 다른 아이들은 그렇지 않으니. 당신이 참아요. 게다가 아픈 것보다는 낫지 않소. 좋은 쪽으로 생각합시다."

루이 프로스페는 부드러운 음성으로 아내를 달랬다. 하지만 클로델 부인의 굳은 표정은 풀리지 않았다. 아니, 카미유를 두둔하는 남편의 태도에 오히려 속이 더 상해 카미유를 노려보았다.

"네가 만들었니?"

루이 프로스페는 카미유가 들고 있는 폴의 인형을 바라보며 물었다. 카미유는 대답 대신 고개만 끄덕였고, 죄송한 마음에 흙이 묻은 손을 뒤로 감추었다.

"참 잘 만들었구나. 우리 카미유에게 이런 솜씨가 있었다니, 놀랍다. 어머니가 힘들어서 그런 거니까 너무 상심하지 마라."

카미유는 이번에도 대답 대신 고개를 힘차게 끄덕였다. 하지만 잘 만들었다는 아버지의 소리에 행복한 표정을 지었다.

"하지만 어머니 생각도 해드려야지. 그렇게 옷을 망쳐 놓으면 어떡하니? 다음부터는 조심해서 놀거라."

아버지의 음성은 부드러웠지만 어딘지 거역할 수 없는 위엄이 있었다. 카미유는 조그마한 소리로 네, 라고 대답했다. 다른 사람에게 흙 인형을 잘 만들었다는 칭찬을 듣자 마음이 설렜다. 명치끝에서부터 먹먹하게 뿌듯함이 올라왔고, 알 수 없이 감정이 벅찼다. 아버지의 손을 끌고 가 그동안 만들었던 흙 인형들을 자랑하고 싶었지만 아직 화가 풀리지 않은 표정으로 자신을 쏘아보고 있는 어머니 때문에 카미유는 참을 수밖에 없었다.

"다음에 또 이런 일이 있으면 그때는 벌을 받을 줄 알아라. 네 동생 루이즈는 얼마나 착하니. 너처럼 들판을 쏘다니기를 하니, 아님 옷을 더럽히길 하니? 얌전하게 집에서 여자로서 갖춰야 할 교양을 쌓아 나가야지, 동생만도 못하니, 원."

클로델 부인은 차갑게 내뱉었다. 어머니는 말끝마다 루이즈와 카미유를 비교하곤 했다. 루이즈를 본받아라, 루이즈는 참 착한 아이다, 루이즈는 피아노를 잘 친다, 여자애라면 당연히 루이즈처럼 해야 한다, 또 루이즈는 여자답다……. 하지만 어머니의 말은 더 이상 상처가 되지 않았다. 댕강 잘린 흙 인형의 목도 붙여 놓았고, 무엇보다도 아버지로부터 칭찬을 들었기 때문이었다.

폴은 한쪽에서 몹시 미안한 표정으로 카미유를 바라보았다. 카미유는 그런 폴에게 한쪽 눈을 깜박이며 다정한 미소를 지어 보였다. 그제야 폴의 표정이 풀리더니 희미하게 따라 웃었다.

클로델 부인의 애정은 두 살 터울인 여동생 루이즈와 네 살 터울인 남동생 폴에게만 모아졌다. 특히 루이즈에 대한 어머니의 사랑은 지극해서 보는 것만으로도 카미유는 동생이 부러웠다. 루이즈가 잘못한 일도 언니가 동생을 잘 돌보지 못해 벌어졌다며 카미유가 대신 벌을 받았고, 조금만 다쳐도 다 카미유 탓이었으며, 집이 어질러진 것도 카미유 때문이라고 어머니는 힘들어했다. 이상하게 집안에서 일어난 모든 잘못의 원인은 카미유였다. 한 번도 얼굴을 보지 못한 오빠, 샤를 앙리의 죽음도 다 카미유 때문인 것만 같았다.

어머니를 이해했지만 어쩔 수 없이 카미유는 외로웠다. 동생 루이즈가 누리는 어머니의 부드러운 손길과, 따뜻한 애정과, 자상한 관심이 그리웠지만 그러한 것들은 한 번도 카미유에게 주어지지 않았다. 어머니는 살가운 말은 고사하고, 늘 차가운 눈빛만 보냈다. 카미유는 아무도 눈치 채지 못하게 낮은 한숨을 내쉬었다.

한겨울, 불이 타닥타닥 타오르는 벽난로를 마주 보고 앉아 있는 어머니의 무릎 밑에서 술래잡기를 하는 동생 루이즈와 폴의 모습을 볼 때마다 카미유는 부러웠다.

"정신없구나. 가만있으렴."

해진 카미유의 치맛단을 손보다가 동생들을 나무라는 어머니의 음성은 사랑으로 가득 차 있었다. 그 꾸지람은 마치 부드러운 양털 담요 같이 동생들을 따뜻하게 감싸는 듯했다. 카미유에게는 한 번도 주지 않았던 어머니의 애정과 살가운 말이었다.

카미유는 폴을 얻었을 때 본 어머니의 표정을 잊지 못했다. 마치 세상을 다 얻은 사람마냥 어머니는 오오, 라는 감탄사만 연발할 뿐, 더 이상 말을 잇지 못했다. 폴을 바라보던 어머니의 눈빛은 사랑이 가득했고, 음성은 마치 솜사탕처럼 한없이 부드럽기만 했다. 동생들의 웃음소리로 가득 찬 집안은 늘 훈훈하고 행복이 넘쳤다.

책을 읽던 카미유는 아무도 눈치 채지 못하게 허리를 곧추세우며 또다시 낮게 한숨을 내쉬었다. 카미유는 동생들이 부러울 때마다 빅투아르의 말을 상기했다.

"카미유는 어머니를 이해해야 해. 첫아이를 잃었거든. 젊은 나이에 첫아이를, 그것도 아들을 잃는다는 것은 큰 슬픔이지. 카미유라는 이름도 잃어버린 아이를 추억해서 지은 거야. 어머니는 아들을 기대했거든. 그러니 어머니를 이해해."

그때 빅투아르는 접시를 닦다가 클로델 부인에게 야단을 맞고 시무룩해 있는 카미유를 향해 나지막한 소리로 말했다. 하지만 카미유는 빅투아르의 말에 더 크게 상심했다. 어머니가 자신을 미워하는 이유는 자신으로서도 어쩔 수 없는 일이지 않은가. 어머니의 꾸중과 싸늘한 시선의 근원은 일찍 세상을 떠나 버린, 얼굴도 보지 못한 오빠였던 것이다.

"넌 어떻게 된 여자애가 꼭 거친 남자애들처럼 노는구나."

언제나 그렇듯 금방 동생들을 향하던 따뜻한 시선이 카미유에게 닿을라치면 언제 그랬냐 싶게 차가워졌다. 그러면 카미유는 조용히 그들로부터 떨어져 자신만의 세상으로 들어갔다.

숲속 친구들

카미유가 열두 살 되던 해 아버지는 페레에서 노장쉬르센으로 전근을 가게 되었다. 여전히 카미유의 어머니는 눈길 한 번 주지 않은 채 철저히 카미유를 무시했다. 하지만 어느 순간부터 카미유는 어머니의 냉대에 마음을 쓰지 않았다. 대신 틈만 나면 집과 이웃한 숲속으로 달려갔다. 카미유는 그 숲속의 사물들에게 저마다의 이름을 지어 주었다.

큰 바위의 이름은 재앵이었고, 늙은 나무는 자신의 집에서 어머니를 도와 집안일을 하는 빅투아르였다. 또 재앵보다 작은 바위들은 마을의 늙은 하녀였고, 농부였다. 카미유는 그 중에서도 재앵이라는, 괴물처럼 생긴 바위를 가장 좋아했다. 커다란 몸집에 무엇보다 믿음직스럽고 든든했기 때문이다. 시커멓고 커다란 재앵은 카미유의 절친한 친구이자 살가운 말벗이었고, 든든한 애인이었으며, 따뜻한 어머니이기도 했다.

재앵은 오늘도 카미유를 반갑게 맞았다.

"어서 와, 카미유. 내내 기다렸어."

"안녕, 재앵."

카미유는 재앵의 이마를 쓰다듬었다. 재앵 역시 카미유의 손길을 반갑게 맞아들였다. 언제나 든든한 친구가 되어 주는 재앵이었다. 다른 사람들에게는 그저 시커멓고, 커다란 바윗덩이로만 보였지만 카미유에게 재앵은 살아 있는 친구 이상의 존재였다. 하지만 재앵을 보고 있노라면 어떨 때는 마음속에 은근한 질투가 생기는 것을 느꼈다. 어떻게 이렇게 잘생겼는지, 어떻게 이렇게 근사하게 만들 수가 있는지. 카미유는 재앵을 빚은 자연의 솜씨에 질투를 느꼈다.

"재앵, 난 너보다 얼마든지 더 훌륭한 작품을 만들 수 있어."

재앵의 이마를 쓰다듬던 카미유가 문득 심술궂은 표정을 지어 보이며 말했다.

"어림없는 소리."

재앵이 카미유의 말에 거드름을 피우며 대답했다.

"정말이야."

"네가 자연의 솜씨를 능가할 수 있단 말이야?"

"그럼."

"좋아. 네 솜씨를 보여 줘 봐."

재앵은 제 몸집처럼 크고 우렁찬 소리로 카미유의 질투를 부채질했다. 재앵은 세상에서 자신이 가장 잘생긴 바위라고 생각했다. 카미유는 주변의 흙을 모으기 시작했다. 자신이 원하는 대로 빚기 위해서는 가장 먼저 좋은 점토질의 흙을 구해야 했다. 어느새 카미유는 흙의 성질을 꿰뚫고 있었다. 어떤 흙을 사용해야 원하는 모양을 제대로 얻을 수 있는지, 어떻게 다루어야 흙이 갈라지거나 터지지 않고 수굿하게, 자신이 만지는 대로 모양을 내

는지 알았던 것이다.

　카미유는 재앵이 보는 앞에서 흙을 반죽하기 시작했다. 처음에는 거칠고 푸석거리던 가루들이 나중에는 말랑말랑한 덩어리를 이루었다. 카미유는 그 흙으로 사람들을 빚기 시작했다. 농부의 순박한 얼굴에서부터 클로델 부인의 화난 얼굴까지.

　그랬다. 어머니의 냉대가 없었더라면 카미유는 어머니의 치마폭

에 싸여 흙 따위는 아예 모르고 살았을지 모른다. 피아노를 뚱땅거리며, 책을 읽거나 바느질을 배우며, 좋은 신랑감을 기대하는 삶을 살았을지 모른다. 흙의 촉감과 냄새, 소리를 몰랐을 것이다. 그러고 보니 어머니의 냉대도 꼭 나쁜 것만은 아니었다.

"호오! 제법인걸?"

재앵은 카미유의 손끝에서 태어나는 여러 가지 모양들을 보고 낮게 휘파람을 불었다. 재앵의 감탄에 카미유는 어깨를 으쓱해 보였다.

"놀라기는 아직 일러."

카미유는 먼저 클로델 부인의 얼굴을 만들었다. 늘 자신에게 화만 내는 어머니의 표정은 흙 속에서도 잔뜩 일그러져 있었다. 그리고 나중에는 집 앞을 지나치는 농부를 만들었다. 농부의 얼굴은 거친 주름이 가득했고, 눈매나 입가가 밑으로 축 처져 있었다. 구부정한 허리에 낮은 콧대가 선해 보이는 노인이었다. 카미유는 내친 김에 집에서 일하는 하인의 얼굴도 만들었다. 가슴이 크고 허리가 굵던, 카미유를 예뻐하던 여자였다.

카미유는 특별히 조각하는 법을 배우지는 않았지만 흙을 어떻게 다루어야 하는지, 어떻게 모양을 만들어 나가야 하는지 알 수 있었다. 오랜 시간 동안 흙과 나무와 돌멩이들을 가지고 놀아 본 탓에 굳이 남에게 묻지 않아도 자신만의 방법으로 흙을 주무르고, 나뭇

조각을 깎고, 돌을 쪼아 모양을 잡아 나갈 줄 알았던 것이다. 뿐만 아니라 눈썰미가 남달랐던 그녀는 언젠가 보았던 비스마르크 흉상이나 나폴레옹 흉상을 보고 어떻게 해야 하는지 나름대로 깨우쳤다. 그 흉상들은 유명한 조각가들이 만들어 놓은 작품들이었다.

그즈음 카미유는 훌륭한 조각가가 되겠다는 결심을 했다. 미켈란젤로처럼. 미켈란젤로. 어쩜 살아 있는 사람과 똑같이 만들어 낼 수 있는지. 그의 이름만 들어도 카미유는 마음이 설렜다. 미켈란젤로는 그녀의 우상이었다.

"큰일났네. 너무 늦었어. 가봐야겠다. 안녕 재앵. 내일 다시 놀러 올게."

카미유는 재앵과 노느라 해가 지는 줄도 몰랐다. 어머니는 또 식사 시간에 나타나지 않는 자신에게 화가 났을 터이다.

"여기는 걱정 말아. 내가 지키고 있을 테니까."

카미유는 서둘러 집으로 돌아왔다. 식탁이 있는 창가의 불빛이 꺼진 것을 보니 식사 시간이 끝난 모양이었다. 살금살금 쥐처럼 소리 없이 집 안으로 들어갔더니 역시 식구들은 모두 저녁 식사를 마친 뒤였다. 카미유는 배가 고픈 줄도 모르고 놀았던 것이다. 카미유는 배가 고프다고 말하지 못했다. 그랬다간 어머니로부터 더 호되게 야단맞을 게 뻔했기 때문이다.

"이 고집불통아, 이젠 야단치기도 지쳤다. 그래, 어디를 갔기에 그렇게 불러도 대답이 없었던 게야?"

카미유를 훑는 클로델 부인의 눈길이 차가웠다. 그도 그럴 것이 카미유의 손은 물론이고, 옷과 얼굴 여기저기가 흙으로 얼룩져 있었기 때문이다.

"그렇게 일렀건만 넌 못된 버릇을 고치지 못하는구나. 네 동생 루이즈는 얌전한데, 너라는 애는 왜 그 모양인지 알 수 없구나. 도대체 뭐가 되려고 그러는지 모르겠다. 게다가 계집애가 되어가지고 주머니에 칼은 또 뭐냐."

카미유는 고개를 숙인 채 어머니의 꾸지람을 들었다. 어머니의 말처럼 주머니에 칼이 있었다. 카미유에게 소중한 칼이었다. 언제 어디서나 카미유는 그 칼을 꺼내 부러진 나뭇가지를 깎거나 흙을 다듬곤 했다. 칼이 지나갈 때마다 나무들의 옹이가 깎여 나가고, 나무의 부드러운 흰 속살이 드러나면 카미유는 행복했다.

"내 앞에서 당장 사라지거라. 너를 보고 있자니 머리가 다 어지럽구나."

카미유는 조용히 클로델 부인 앞에서 물러나 흙 묻은 손과 얼굴을 씻었다. 하지만 여전히 그녀의 머릿속에는 낮에 만들어 둔 여러 흙 인형들이 떠올랐다. 어떤 부분이 잘못됐는지, 또 어떤 부분이 잘됐는지, 이상하게 멀리 떨어져 있을수록 잘한 부분과 잘못한 부분이 선명하게 떠올랐다.

카미유는 인형들이 걱정됐다. 혹여 숲속의 동물들이 그 인형들을 건드릴까 걱정됐고, 바람에 넘어져 부서질까 염려됐다. 문득 알 수 없는 설렘이 그녀를 사로잡았다. 그 설렘이 너무나 강렬해서 잠을 이룰 수 없었다. 빨리 아침이 되기만을 바랐다. 아침이 되면 이제까지와는 다른 것을 빚어 보고 싶었다. 골리앗의 목을 베는 다윗의 형상. 재앵이 숲속의 왕이라면 〈다윗과 골리앗〉은 지금까지 자신이 빚은 인형들의 왕이 될 것이다.

다음날 아침이 밝자마자 카미유는 인형들이 기다리고 있는 숲속으로 달려갔다. 그녀는 〈다윗과 골리앗〉을 생각하느라 간밤에 한숨도 자지 못했다. 몽롱하니 잠이 찾아들면 이내 〈다윗과 골리앗〉이 잠을 몰아내고 그녀의 의식을 사로잡았다.

거인 골리앗에 맞서 싸우는 다윗의 기개와 골리앗의 위협적인 골격을 카미유는 직접 만들어 보고 싶었다. 이를 위해 그녀는 간밤에 스케치까지 해 두었다. 원하는 하나의 형상을 얻기 위해서는 수없이 많은 스케치를 해야만 했다. 골리앗이 너무 왜소하거나 다윗의 형상이 마음에 들지 않거나, 이것이 좋으면 저것이 아쉬웠고, 저것이 좋으면 또 이것이 마음에 들지 않았다. 그러던 중 카미유는 드디어 마음에 드는 형상을 얻었다. 그 스케치대로 하면 분명 좋은 작품이 나올 것 같았다.

〈다윗과 골리앗〉을 만드려면 흙이 많이 필요하다. 카미유는 마음이 바빴다. 이것만큼은 다른 어느 것보다 더 정성 들여 만들고 싶었다. 카미유는 주변의 흙들을 모으기 시작했다. 그런 그녀의 얼굴은 상기돼 있었다.

"뭔가 좋은 일이 있니?"

카미유의 모습을 가만히 지켜보던 재앵이 물었다. 재앵 역시 카미유가 여느 때 같지 않다는 사실을 알아차렸던 것이다.

"응."

"뭔데?"

"이제까지 내가 만든 것과는 다른 것을 만들 거야."

"그러니까 그게 뭐냐고?"

재앵이 사뭇 궁금하다는 듯 재우쳐 물었다.

"다윗과 골리앗."

카미유는 행여 누가 듣기라도 할까봐 목소리를 한껏 낮춰 말했다.

"다윗과 골리앗? 왜 그런 생각을 했지?"

"멋지지 않아? 거인을 이긴 다윗. 아무도 다윗의 승리를 점치지 못했지만 사람들의 예상은 빗나갔어. 그는 영웅이야."

카미유는 애써 모은 흙을 부대에 담기 시작했다.

"여기서 안 만드는 거야?"

"응. 창고에서 만들 거야. 비와 바람이 방해하지 못하게."

"그럼 나는 볼 수 없겠구나. 서운하네."

"나중에 다 만들면 이야기해 줄게."

재앵은 심술이 난 표정을 지었다. 카미유는 그런 재앵의 표정을 읽을 수 있었다. 한데 흙이 든 부대자루가 너무 무거워 혼자 들 수 없었다. 이럴 때 폴이라도 있었으면, 싶었다. 폴을 불러올까 생각했지만 이내 단념하고 카미유는 부대자루를 질질 끌고 갔다. 너무 무거워 숨이 턱까지 찼지만 카미유는 포기하지 않았다. 여전히 〈다윗과 골리앗〉은 머릿속에서 쟁강쟁강 싸우고 있었고, 그녀는 낑낑대며 흙을 끌고 갔다.

드디어 흙을 창고로 옮기는 데 성공했다. 클로델 부인이 알면 또 한바탕 난리가 날 것이다. 옷에서 떨어진 흙 부스러기만으로도 어머니의 꾸중은 길고 모질었는데 이번에는 집으로까지 흙을 끌어들였으니 집안이 발칵 뒤집힐 것이 뻔했다. 하지만 카미유는 어머니의 야단보다 빨리 〈다윗과 골리앗〉을 만들고 싶은 마음뿐이었다. 오로지 머릿속에는 〈다윗과 골리앗〉 생각뿐이었다. 클로델 부인에게 들키지 않고 창고로 흙 부대를 옮길 수 있는 것만도 다행한 일이었다.

흙을 다 옮긴 카미유는 숨을 몰아쉬었다. 자신의 몸집만큼 큰 흙 부대를 옮기는 것은 결코 쉬운 일이 아니었다. 시간이 얼마나 흘렀는지 아침에 살그머니 집을 나왔는데 지금은 해가 머리 위에 있었다. 카미유는 숨을 한번 크게 내쉬었다. 머리가 없는 골리앗의 앞에서 다윗이 칼을 든 채 골리앗을 바라보고 있는 형상이 어젯밤 카미유가 완성한 스케치였다.

카미유는 부지런히 흙을 반죽하기 시작했다. 먼저 흙을 동그랗게 뭉쳐서 머리를 만들고, 눈과 코와 입을 만들고, 몸통을 만들고, 그리고 팔과 다리를 만들었다. 이어 머리가 없는 골리앗을 만들었다.

카미유는 한 개의 커다란 덩어리를 나누고 형태를 만들어 나가는 기술이나 방법들을 몰라도 좋았다. 그저 자신만의 방법으로 자유롭게 마음속에 담아 놓은 것들을 표현할 뿐이었다. 아니 자신만의 방법이랄 것도 없었다. 단지 본능과 감각이 시키는 대로 움직였을 뿐이다. 자신도 결과가 어떻게 나올지 예측할 수 없었다. 머리에 그려 둔 형상을 따라 손이 움직였다. 마음이 가는 대로 흙을 만지고, 나무를 파내고, 돌멩이를 깎아 냈다. 때로는 자신도 놀랐다. 문득 정신이 들어 완성된 작품을 보노라면, 과연 자신이 했을까 하는 의문이 들 정도였다.

창고에 어둠이 스며들었다. 카미유는 어둠이 내린 줄도 몰랐다. 흙을 만지고 있는 동안만큼은 세상에 존재하는 것들이 모두 사라져 버린 듯했다. 오로지 흙과 자신만이 있을 뿐이었다. 어떠한 소리도 들리지 않았고, 창고 안의 물건들도 보이지 않았다. 마치 먼 우주의 공간 속을 홀로 유영하는 사람 같았다. 그렇게 하나씩 하나씩,

눈이 만들어지고, 코가 만들어지고, 입이 만들어지는 순간순간마다 카미유는 작은 흥분에 휩싸였다. 그녀의 눈에서 광채가 뿜어져 나왔다. 그녀는 자신의 손끝에서 태어나는 사물과 눈빛으로 교감할 수 있었다. 눈빛의 언어, 눈빛의 소통. 카미유는 마냥 기뻤다. 그때였다.

카미유우—. 카미유우—.

집 안에서 그녀를 찾는 소리가 들려왔다. 늙은 하녀 빅투아르와 폴의 음성이었다. 처음에는 그 소리도 듣지 못하다가 어느 순간 마법에서 풀려난 사람마냥 한꺼번에 소리들이 귓속으로 몰려들었다.

카미유우—. 카미유우—.

먼 우주에서의 유영은 그 순간 끝이 났다. 카미유의 앞에는 미완성이지만 근사한 다윗과 골리앗이 서 있었다.

카미유는 숨을 죽이며 그 소리들로부터 도망쳤다.

카미유우—.

늙은 하녀 빅투아르가 카미유를 찾아 숲으로 걸어가는 소리와 투덜거리는 소리가 들려왔다.

"한 번도 제때에 식사를 해 본 적이 없다니까. 아휴. 동생인 루이즈 아가씨와는 왜 그렇게 딴판일까. 하긴 그래도 카미유가 마음씨는 착하지."

카미유는 그런 빅투아르에게 미안했지만 기적을 내지 않았다.

〈다윗과 골리앗〉이 거의 다 만들어져 가고 있었다. 흙이 마르기 전에 마지막 형태를 완성해야만 했다. 그러기 위해서는 시간이 더 필요했다. 그녀는 손을 재빠르게 움직였다. 더 지체하면 어둠 때문에 작업이 불가능해질 것이다. 그보다 다윗과 골리앗이 재촉했다. 빨리 자신들을 완성해 달라고. 미완성인 상태에서 굳어지기 싫다고. 다윗과 골리앗의 간청이 아니더라도 카미유 자신이 먼저 그들을 완성시키고 싶었다.

"카미유."

그때 누군가 그녀를 불렀다. 늙은 하녀 빅투아르는 아니었다.

"카미유."

누군가 손을 자신의 어깨에 얹는 것을 느끼고 나서야 그녀는 화들짝 놀라 뒤를 돌아보았다. 남동생 폴이었다. 언제 들어왔을까. 문이 열린 줄도 몰랐는데, 폴이 앞에 서 있었다.

"용케 나를 찾았네."

오랫동안 말을 하지 않은 탓에 목소리가 제대로 나오지 않았다.

"그럼. 나는 누나가 어디 있는지 다 알 수 있어."

폴이 웃어 보였다. 어둠 속에서도 〈다윗과 골리앗〉의 형체는 분명하게 드러나 보였다. 스케치대로 거인의 목 위 부분은 아예 없었다. 댕강 잘린 거인의 목 앞에 한 사람이 칼을 높이 쳐들고 있었다. 당당한 자세에서는 기개가 넘쳐났다. 폴의 시선은 이들을 향하고 있었다.

카미유는 불안한 얼굴로 폴의 표정을 살폈다. 첫 관람자의 평가가 궁금했다.

"다윗과 골리앗! 맞지? 다윗과 골리앗이지?"

폴은 낮게 소리쳤다. 카미유는 폴의 말을 듣고는 적이 안심이 됐다.

"누나가 했어?"

"응."

"대단해."

카미유는 얼굴 가득 웃음을 지었다.

"누나는 틀림없이 훌륭한 조각가가 될 거야."

폴은 자랑스러운 얼굴로 카미유를 바라보았다.

클로델 부인의 얼굴이 상기돼 있다는 건 몹시 화가 났다는 표시였다. 카미유는 어머니의 얼굴을 바로 보지 못했다. 여동생 루이즈는 어머니 옆에서 한심하다는 듯 카미유를 바라보고 있었다. 그런 루이즈의 한쪽 입가는 비틀린 채 희미한 비웃음을 짓고 있었다. 카미유는 루이즈를 볼 때마다 어머니를 보는 듯했다. 새침한 표정, 쌀쌀한 태도, 차가운 어투. 외모도 어머니를 닮았지만, 자신을 이유 없이 싫어하는 것도 같았다. 카미유는 어쩌면 스스로를 닮았기에 어머니가 루이즈를 더 사랑하는지도 모른다고 생각했다.

"넌 전혀 달라지는 기미가 없구나. 그렇게도 타일렀건만 조금도 나아지지 않아. 이 고집쟁이야. 여자애가 그렇게 하루 종일 밖으로만 나돌아 다니니, 이제 하인들 보기도 민망하구나."

클로델 부인의 음성은 그 어느 때보다도 날카로웠다. 카미유는 아무 말도 하지 않은 채 어머니의 야단을 들었다.

"너는 어떻게 된 애가 잘못했다고 빌지도 않는구나. 이 엄마 말이 말 같지도 않니?"

클로델 부인은 카미유의 태도가 발칙스럽다고 생각했는지 더 새된 음성으로 나무랐다. 하지만 카미유는 자신이 잘못했다는 생각이 들지 않았다. 아니, 그녀의 머릿속에는 온통 조각 생각 뿐이었다. 어떻게 하면 좀 더 섬세하게 표현할 수 있는지, 어떻게 해야 좀 더 생생한 표정을 얻을 수 있는지, 면과 선을 어떤 식으로 처리해야 하는지, 흙과 나무와 돌멩이의 서로 다른 질감을 어떻게 다루어야 하는지, 그런 생각들로 머릿속이 어지러웠을 뿐이다. 흙은 부드러워 표현하고자 하는 것을 무리 없이 표현할 수 있었다. 나무 또한 부드럽되 곧아, 나름대로 원하는 것을 얻을 수 있었지만 돌은 아무래도 자유롭게 다룰 수 없었다. 그때마다 어떻게 해야 하는지 알 수 없었다. 카미유는 누군가한테 물어보고 싶었지만 주위에 가르쳐 줄 만한 사람이 아무도 없었다. 때문에 더 힘들었다.

얻고자 하는 것을 얻지 못했을 때의 상실감이 어머니의 사랑을 잃는 것보다 더 카미유를 괴롭혔다.

"내 눈앞에서 사라져라. 더 이상 너를 보고 싶지 않아."

클로델 부인은 급기야 소리까지 질렀다. 인내가 한계에 다다른 모양이었다.

카미유는 손이 쓰리고 아렸다. 흙 반죽을 하고, 나무를 깎고, 돌을 쫄 때는 아픈 줄 몰랐는데, 언제 그랬는지 손 여기저기에 상처가 나 있었다. 카미유는 그날 저녁도 굶어야만 했다. 배가 고팠지만 꾹 참았다.

조각가. 그 꿈은 시간이 지날수록 점차 견고하게 굳어져 갔다. 지금까지는 그저 욕구에 따라 단순하게 만들었지만 여기저기에 나 있는 손의 상처를 보는 순간 자신도 모르게 울컥, 설렘 같은 묵직한 감정이 치받쳐 올라왔다. 그랬다. 자신은 어떠한 일이 있어도 조각가가 될 것이다. 거칠어져 버린 손을 보자 막연하게 마음속에 똬리를 틀고 있던 꿈이 구체적인 소망으로 카미유의 마음에 자리잡기 시작했다. 그때까지도 카미유는 한 번도 데생이나 조각 수업을 정식으로 받아 본 적이 없었다.

그날 밤, 카미유는 아버지 루이 프로스페 앞에 불려갔다.

"우리 꼬마 조각가 선생님, 오늘 또 어머니에게 야단을 맞으셨다지? 그래, 우리 조각가 선생님께서는 장차 뭐가 되고 싶으시기에 그리 어머니의 속을 썩이시나요?"

아버지의 표정은 온화하면서도 너그러운 웃음이 깃들어 있었다.

"저는 조각가가 되고 싶어요."

카미유는 잠시도 망설임 없이 대답했다.

"계집애가 조각가는 무슨 조각가. 얌전하게 있다 결혼해야지. 하지만 그토록 쏘다니고 거칠기만 하니 결혼이나 제대로 할 수 있을지 몰라."

클로델 부인은 낮게 한숨을 내쉬었다.

"허허, 당신도 참. 우리 꼬마 조각가한테 너무한다 싶지 않소?"

아버지는 딸의 편이었다. 카미유가 집안을 어지럽히고 식사 시간에 늦게 나타나도 결코 심하게 야단치는 법이 없었다.

"카미유, 조각을 하는 것도 좋지만 그래도 식사는 가족들과 함께 하는 것이 좋지 않겠니? 그러면 어머니도 야단을 덜 치실 텐데. 그리고 언제 네 조각품들을 나에게 보여 주지 않으련? 우리 꼬마 조각가께서 빚으신 것들이 어떻게 생겼나 궁금하구나."

어머니와는 달리 아버지의 어투에는 애정이 듬뿍 담겨 있었다.

"그럴게요."

시무룩해 있던 카미유의 표정에 일순 생기가 돌았다. 당장에 아버지의 손을 끌고 창고로 달려가 〈다윗과 골리앗〉을 보여 드리고 싶었지만 옆에서 자신을 못마땅하게 바라보는 어머니 때문에 애써 참을 수밖에 없었다.

"그래, 저녁 식사도 못했다면서?"

"저녁 식사는 무슨 저녁 식사. 식사 시간을 어기면 굶기로 약속 했으니 약속을 지켜야지."

클로델 부인이 차갑게 내뱉었다.

"여보, 그만하구려."

루이 프로스페는 클로델 부인을 다정한 어조로 나무랐다. 카미유는 빵 대신 비스킷으로 저녁 식사를 대신했다. 몇 조각의 비스킷은 카미유의 주린 배를 채워 주기에 충분했다. 설령 먹지 않았다 하더라도 카미유는 그 밤이 행복했다. 〈다윗과 골리앗〉이 있었으므로.

어느 누구도 카미유의 조각에 대한 열정을 식게 할 수 없었다. 클로델 부인마저도 고개를 절레절레 흔들었다.

어느덧 카미유는 마을 사람들 사이에서 유명한 소녀가 돼 있었다.

알프레드 부셰와의 만남

"정말, 정말, 이것들을 네가 만들었단 말이지?"

알프레드 부셰는 믿을 수 없다는 표정으로 카미유를 돌아다보았다. 카미유는 자신 없는 얼굴로 고개를 끄덕였다. 그도 그럴 것이 정식으로 조각 수업을 받아 본 적 없이 혼자만의 직감과 본능으로 흙을 빚었던 터라 제대로 된 작품인지 알 수 없었던 것이다. 카미유는 이미 조각가로 명성이 자자한 사람의 눈에는 자신의 작품이 형편없어 보일 거라고 예단했다.

카미유의 아버지, 루이 프로스페 역시 들뜬 표정으로 부셰의 뒤를 따르며 연방 그의 표정을 살폈다. 그 또한 카미유가 빚어 놓은 작품들을 한자리에서 보기는 이번이 처음이었다. 간간이 카미유가 어머니 몰래 하나씩 집 안으로 숨겨 들어온 것들을 보기는 했지만 이 정도일 줄은 몰랐던 것이다. 귀여운 폴, 빅투아르의 모습, 허리가 굽은 농부……. 모습도 제각각이었고, 표정도 저마다 살아 있는 듯했다. 루이 프로스페는 그 순간 카미유가 앞으로 무얼 해야 하는지 분명하게 깨달을 수 있었다. 예사롭지 않은 딸의 재능을 살려 주는 것, 그것이 바로 자신이 해야 할 일임을 알았던 것이다. 그것은 아버지로서의 책임이자 의무였다.

사실 이번 일도 카미유의 천부적인 재능을 알아본 루이 프로스페가 카미유와 함께 조각가인 알프레드 부셰를 찾아가 그동안 딸이 만들어 놓은 조각 작품들을 보아 달라고 부탁하여 이루어진 일이었다.

부셰는 수많은 조각품들 가운데서도 〈다윗과 골리앗〉을 유심히 들여다보았다. 다른 조각으로 발길을 옮겼다가도 이내 번번이 〈다윗과 골리앗〉으로 되돌아왔다. 카미유는 그런 부셰의 표정을 훔쳐 보았다. 오늘따라 자신의 손끝에서 탄생한 인형들이 근사해 보였다. 순박한 표정의 농부들이나, 우람한 근육을 지닌 골리앗, 기개가 넘치는 다윗이 부셰 앞에서 기죽지 않고 당당하게 서 있는 듯 느껴졌다. 그랬다. 설사 부셰의 눈에 자신이 만든 조각들이 형편없게 보일지라도 자신의 눈에는 마냥 사랑스럽고 자랑스럽기만 했다.

"어떻습니까, 카미유가 만든 작품들이?"

루이 프로스페가 조심스럽게 물었다.

"어디서 조각을 공부해 본 적은 있니?"

부셰는 루이 프로스페의 질문에 대답하는 대신 카미유에게 물었다. 그의 질문에 카미유는 고개를 가로저었다. 부정의 뜻이었다. 부셰의 표정이 기묘하게 일그러졌다.

"그게 정말이니?"

카미유는 고개를 끄덕였다. 부셰는 잠시 무언가를 생각하더니 이내 입을 열었다.

"지금 이 자리에서 내게 보여 주지 않으련? 너를 믿지 못해서가 아니라 내 눈으로 직접 확인을 해 보고 싶구나."

부셰는 상처투성이에다 거칠어질 대로 거칠어진 카미유의 손을 내려다보며 말했다.

"해 줄 수 있겠니?"

이번에도 역시 카미유는 대답 대신 고개를 끄덕였다. 그동안 주변의 사람들로부터 숱하게 칭찬을 받아 왔지만 조각가가 자신의 작품들을 인정하기는 처음이었다. 카미유는 감정이 벅차올라 아무 대답도 할 수 없었다.

카미유는 천천히 흙을 반죽하기 시작했다. 늘 하던 대로, 서두르지 않고, 천천히. 빛기 알맞은 점성이 생기도록 반죽을 주무르고 치댔다. 손가락 사이로 간지럽게 빠져나가는 부드럽고도 찰진 흙덩이들이 카미유의 심연 속에 잠자고 있던 본능과 감정들을 일깨우고 자극했다. 언제나 그랬지만 그 순간만큼은, 흙과 교감하고 있는 동안만큼은 이 우주에 오로지 흙과 자신만이 존재하는 듯했다. 곁에서 자신의 작업을 지켜보고 있는 부세나 아버지도 보이지 않았다. 그녀에게는 오로지 부드러운 질감의 흙과 자신, 머릿속에서 하나의 형상으로 자리잡아 가는 그림이 있을 뿐이었다. 카미유는 머릿속에서 구체적으로 떠오르는 그 형상을 손끝으로 실어 나르면 됐다. 형상이 지닌 표정과, 그 고운 결들과, 그 매끄러운 면들을 고스란히 옮겨 놓으면 될 터였다.

카미유가 빚은 것은 동생, 폴이었다. 들판에서 술래잡기를 할 때 환하게 웃던 폴의 얼굴을 흙에 옮겨 놓았다. 크게 벌어진 입, 일자로 감긴 눈, 콧망울은 벌어진 입가를 따라 옆으로 퍼져 있으며, 웃음으로 볼의 근육이 뭉쳐져 있는 폴. 폴의 얼굴. 폴의 표정. 그 순간 카미유의 귀에 폴의 웃음 섞인 음성이 들리는 듯했다. 누나, 누나, 카미유 누나…….

폴은 카미유를 좋아했다. 언제나 들판으로 쏘다니는 카미유를 따라 폴도 들판을 내달렸다. 마치 강아지가 집 주인을 쫓아 달려오듯 폴은 힘을 다해 누나를 쫓아왔다. 그렇게 한참을 뛰다 숨이 가쁘면 둘은 풀밭에서 뒹굴었다. 하늘 높이 구름이 걸려 있었고, 어디선가 불어온 바람 한 줄기가 땀으로 얼룩진 머리카락을 간질이며 지

나갔다. 숨이 골라지면 카미유는 엎드린 자세에서 문득 상체를 들고 짓궂은 장난을 쳤다. 그리고 또다시 도망쳤다. 폴도 다시 카미유를 쫓아왔다. 그러다 이내 둘은 풀밭을 뒹굴었다. 옷은 이미 엉망이었다. 여기저기 흙과 풀이 묻어 있고, 땀으로 범벅이 돼 시큼한 냄새까지 풍겼다.

카미유는 폴과 함께 자연을 이야기하고, 우주에 대해 이야기했다. 폴은 영리한 아이였다. 어렸지만 카미유가 말하는 것을 알아들었고, 또 이해하려 노력했다. 카미유는 그런 폴에게 많은 이야기들을 해 주었다. 간밤에 읽었던 책이나, 자신이 알고 있는 것들에 대해서도 폴에게 전부 이야기해 주었다. 폴에게 있어서 카미유는 좋은 스승이자 친구이며 누이였다. 폴은 아버지를 닮아 이지적인 표정에 호리호리한 몸을 지니고 있었다. 게다가 차분한 눈빛은 어딘지 우수에 젖은 것 같으면서도 잔잔한 애정이 깃들어 있었다. 카미유는 폴의 장난꾸러기 같은 표정뿐만 아니라 어딘지 우울한 듯한 깊은 눈도 좋아했다. 그 눈을 보고 있노라면 까닭 없이 마음이 시리기도 했다.

간혹 카미유는 폴이 거추장스럽기도 했다. 혼자만의 세상에서 조각에 몰두하고 싶은데 폴은 이것저것 묻기도 하고, 만들어 놓은 조상을 망치기도 했다. 하지만 카미유는 동생 폴을 좋아했다. 언제나 새침한 표정으로 피아노를 딩동거리는 루이즈보다 자신처럼 대지의 숨결과 대지의 언어를 이해할 줄 아는 폴이 사랑스러웠던 것이다.

카미유의 손끝에서 폴이 완성되어 가고 있었다.

으음. 당시 스물아홉 살이던 부셰는 희미하게 신음하며 한동안 카미유가 빚은 조각 작품들을 살펴보았다. 그렇게 얼마나 있었을까, 이윽고 그는 한숨을 길게 내쉬며 말했다.

"그래, 그렇구나. 정말 네가 만들었구나."

카미유는 그를 바라보았다. 스물아홉의 부셰는 카미유가 만든 조각품을 보고 신음에 가까운 말을 내뱉었다. 카미유는 왜 부셰가 자신의 작품을 보고 그렇듯 이상한 표정을 짓는지 이해할 수 없었다. 혹여 자신의 작품이 너무 형편없어서 그렇지는 않은지, 다만 그것이 염려스러울 뿐이었다. 카미유가 긴장하는 것을 본 루이 프로스페는 딸의 등에 가만히 자신의 손을 얹었다.

"부친께서는 따님의 천부적인 소질을 알고 계셨나요?"

부셰가 루이 프로스페를 향해 말했다. 그 같은 말에 부녀의 얼굴이 환하게 밝아졌다. 카미유의 초록빛 눈이 마치 하늘에 뜬 푸른 별처럼 반짝였다.

"글쎄요, 잘한다는 것은 알고 있습니다. 그래서 이렇게 선생님을 모시게 된 것이고요."

루이 프로스페는 겸손하게 대답했다.

"아닙니다. 아니에요. 따님은 아주 훌륭한 소질을 지니고 있습니다. 그것도 천재적이라 할 만큼."

부셰는 칭찬을 아끼지 않았다. 카미유는 잠자코 그의 말을 들으며 손톱 주변에 일어나 있는 거스러미를 뜯어내고 있었다. 흘긋, 그녀의 아버지가 카미유를 돌아보았다. 카미유는 자신을 향한 아버지의 부드러운 시선을 느낄 수 있었다.

"따님의 재능을 썩히지 말아 주십시오. 카미유가 정식으로 조각을 배울 수 있도록 파리에 있는 학교에 보내세요. 그곳 학교 교장에게는 제가 말을 해둘 겁니다. 분명 따님은 훌륭한 조각가가 될 것입니다. 정말입니다. 제가 다 흥분되는군요. 카미유 양은 분명 프랑스 조각계를 뒤흔들 것입니다."

알프레드 부셰의 음성은 너무나 크고 확신에 차 있었다. 표정 또한 새로운 천재를 발견했다는 설렘으로 들떠 있었다. 부셰에게 돌아가 있던 루이 프로스페의 시선이 다시 카미유를 향했다. 카미유는 입을 꾹 다물고 고개를 끄덕여 보였다. 그 표정은 결연했다. 카미유가 눈으로 애원했다.

"아버지, 제발, 제가 조각을 공부할 수 있도록 해 주세요. 정식으로 조각을 배우고 싶어요. 훌륭한 조각가가 될게요. 절대 아버지를 실망시켜 드리지 않을게요."

카미유의 초록빛 눈동자는 소리보다도 더 많은 말들을 했다. 루이 프로스페는 그런 카미유의 눈에서 광채가 도는 것처럼 느꼈다. 한동안 루이 프로스페는 말없이 그녀의 눈동자만 바라보고 있었다. 카미유의 푸른 눈동자가 더할 수 없이 사랑스러웠다. 언제 이렇게 컸을까. 자신의 딸이지만 카미유가 너무나 아름답다는 생각을 했다. 굽이치는 빛나는 갈색 머리카락, 푸른 눈동자, 단정한 입술. 어느 틈에 카미유는 성숙한 여인의 자태를 지니고 있었던 것이다.

조용한 가운데 많은 말들이 오고갔다. 그렇게 얼마나 지났을까.

이윽고 루이 프로스페가 입을 뗐다.

"저도 그렇게 생각합니다. 우리 카미유가 틀림없이 훌륭한 조각가가 되리라고 저도 확신하고 있습니다. 선생님만 믿겠습니다. 카미유를 지도해 주십시오. 우리 카미유가 훌륭한 조각가가 될 수 있도록 이끌어 주십시오."

루이 프로스페의 음성은 정중했다.

"그럼요. 그러고말고요."

부셰는 기쁜 얼굴로 승낙했다. 카미유의 얼굴 역시 환희로 넘쳐났다. 카미유는 아버지와 부셰의 허락이 떨어지는 순간 환호성을 내지르고 싶었지만 꾹 참았다. 이제 자신은 미켈란젤로처럼 될 것이다. 사실에 기초한 그의 인체는 얼마나 황홀하던가. 미켈란젤로. 카미유를 설레게 만들던 이름. 그가 했던 것처럼 조각을 할 수 있다니. 생각만으로도 가슴이 떨렸다. 카미유는 내심 다짐했다. 미켈란젤로 같은 조각가가 되겠다고.

카미유가 열다섯 살 되던 해였다.

"그래, 넌 틀림없이 훌륭한 조각가가 될 거야. 이 작품들이 그렇게 말해 주는구나. 시간 닿는 대로 틈틈이 너에게 조각에 대한 모든 것을 가르쳐 주마. 이렇게 너를 만나게 된 건 큰 행운이다."

부셰의 말에 카미유는 가슴이 벅찼다. 조각에 대한 기초 지식을 배울 수 있다는 설렘 때문이기도 했지만 그보다도 그동안 자신이 해 온 작업들이 기대 이상의 호평을 받았다는 데서 오는 충만함이었다.

"감사합니다. 정말 감사합니다."

루이 프로스페는 진정 고마운 마음으로 부셰에게 인사를 했다. 그 옆에서 카미유는 들뜬 표정으로 아버지를 지켜보고 있었다.

"그래, 시간 내서 너에게 오마. 너도 이젠 마음가짐을 새롭게 하거라. 모든 것을 가볍게 보지 마라. 예술을 하려면 보통 사람들이 보듯 세상을 보면 안 된다. 그 속에 숨겨져 있는 진정한 아름다움을 볼 수 있어야 해. 적어도 예술을 하는 사람이라면 평범함 속에 꽁꽁 숨어 있는 아름다움을 찾아낼 수 있어야 하는 법이다. 심미안을 기르라는 거야. 이를 게을리 해서는 안 된다. 하나를 보더라도 눈을 반짝이며 안을 들여다봐야 해. 겉모양만 보아서는 안 된단다. 무엇이든 원인이 있게 마련이지. 사람들도 마찬가지야. 슬픈 표정, 기쁜 표정, 그렇게 슬쩍 보아 넘기지 말고 진정으로 그들의 슬픔을 이해하고, 기쁨을 함께하려는 자세와 노력이 필요해."

알프레드 부셰는 찬찬히 당부했다. 카미유는 부셰의 말에 힘차게 고개를 끄덕였다. 겉모양만 보아서는 안 된다, 심미안을 길러야 한다, 사람을 진정으로 이해해야 한다……. 부셰의 말은 하나하나 정석처럼 카미유의 머릿속에 박혔다. 카미유는 뛸 듯이 기뻤다. 이제 드디어 자신도 조각가가 되는 것이다.

"한데 로댕이 누굽니까? 항간에 떠도는 이야기들을 듣자니 그의 작품을 두고 말들이 많은 것 같은데 어찌된 일이지요?"

문득 루이 프로스페가 부셰에게 물었다. 그의 질문에 알프레드 부셰의 얼굴이 일순 흔들렸다.

"아주 훌륭한 조각가입니다."

"그런데 왜 그를 비난합니까?"

"그렇지 않아요. 사람들이 몰라서 그래요. 아마도 그의 첫 번째 작품인 〈청동시대〉를 두고 하는 말을 들으신 것 같은데, 그는 결백해요."

알프레드 부셰는 계속해서 말을 이었다. 그의 작품이 인체와 너무나 같다 보니 사람들은 그가 실물 인체 위에 모형을 떴다며 그를 오해했지만 이내 그의 결백은 밝혀졌노라고, 로댕의 편을 들어주었다.

"그의 첫 번째 작품인 〈청동시대〉를 두고 사람들은 말이 많았죠. 단순하고도 사실적인 작품이었지만 뭐랄까, 미켈란젤로를 보는 듯한 작품이었어요. 그만큼 작품이 뛰어나다는 말인데 어쨌든 그는 진실하답니다. 인체에 직접 주물을 부어 모형을 뜨다니, 말이나 될 법한 소립니까? 그는 일 년 반 이상이나 그 작품에 매달려 작업을 했고, 그러느라 얼마 안 되는 자금을 모두 써버렸지요. 때문에 참 많이 힘들었을 거에요. 완전히 작품을 할 의지마저 상실해 버렸지요. 한데 사람들은 그를 그렇게 간단히 매도해 버리다니. 게다가 로댕은 오랫동안 카리에벨뢰즈의 작업실에서 중요한 작업을 맡아 해온 인물입니다. 그만큼 실력이 있다는 뜻이랍니다."

부셰는 로댕에 대해 이야기하면서 진정으로 자신의 일처럼 마음 아파했다. 〈청동시대〉를 만들 때 로댕의 나이가 서른일곱 살이었다는 말에 카미유는 놀라지 않을 수 없었다. 서른일곱 살. 조각을 하기엔 너무 늦은 나이인 것이다. 자신은 그렇게 더디게 가지 않을 것이다. 부셰의 말은 계속됐다.

"그는 모델을 살 돈도 없었지요. 한데 나는 그의 스케치들을 볼 수 있었어요. 세상에…… 모델도 없이 그렸는데도 그가 그린 인체들은 한결같이 다 완벽했소."

알프레드 부셰는 이어 그의 실력과 열정이 사뭇 부러웠노라고 덧붙였다.

카미유는 로댕이라는 사람이 궁금해졌다. 부셰가 칭찬할 정도면 만만치 않은 실력을 지니고 있을 게 분명했다. 어떻게 만들었기에 사람들이 그의 작품을 보고 인체 위에 직접 주물을 부어 본을 떴다고 하는지, 얼마나 사실적이며 정확하고 완벽하기에 그런 말들이 나오는지, 직접 그의 조각품을 보고 싶었다.

조각가라면 인체에 대한 완벽한 이해가 있어야 한다고 카미유는 믿어 왔다. 미켈란젤로의 조각들처럼 정맥 하나, 근육 하나 허투루 하지 않아야 한다고 생각했다. 때문에 카미유는 가끔 아침 일찍 일어나 자신의 몸을 거울에 비추어 보곤 했다. 턱에서 목과 어깨로 이어지는 선과 면들은 어떤 식으로 생겼는지, 핏줄은 어디로 어떻게 흘러내리는지 눈으로 직접 확인해 보고 머릿속에 새겨 넣었다.

그랬다. 흙을 빚노라면 카미유는 실제의 인체가 궁금했다. 그저 막연히 예쁘게만 빚는 것은 진정한 조각이 아니었다. 인체에 대한 이해 없이, 애정 없이, 지식 없이 조각을 한다는 것은 어딘지 마음이 불편했다.

그뿐이 아니었다. 어떤 대상이든 카미유는 직접 만져 보고, 유심히 관찰하고, 그 안을 들여다보아야만 조각을 할 수 있었다. 눈에 보이지 않는 것까지 훤히 꿰뚫고 있어야만 완전한 형태를 만들 수 있었다.

카미유는 자신의 인체뿐만 아니라 폴의 벗은 몸을 유심히 바라보기도 했다. 그때마다 폴은 눈을 크게 뜨고 자신을 바라보는 카미유를 향해 물었다.

"왜 그렇게 보는 거야?"

"가만히 있어 봐."

폴은 부끄럽다는 듯 몸을 틀며 얼굴을 붉혔다.

"그만 봐."

"폴, 네 몸은 정말 멋있어."

"정말이야, 누나?"

"그럼. 이때까지 내가 본 타인의 몸 가운데 네 몸이 가장 예뻐."

예쁘다는 말에 폴은 솔깃했다.

"누구누구 봤는데?"

"빅투아르 아주머니와 너, 그리고 나."

"빅투아르 아주머니는 나이가 들었으니 당연히 나보다 못할 테지. 순 엉터리."

두 사람은 소리내어 웃었다. 가끔 카미유는 폴의 벗은 몸을 보거나 만지다가 어머니에게 들켜 호되게 야단을 맞기도 했다. 클로델 부인은 그런 카미유를 도저히 이해할 수 없었다. 다 큰 여자 아이가 남동생의 벗은 몸을 보다니. 게다가 카미유는 인체 해부도를 들여다보기까지 했다.

클로델 부인은 남자의 벗은 몸이 그대로 드러나 있는 인체 해부도를 보고 기겁했다. 도저히 정숙한 여자가 할 행동이 아니었다. 더욱이 여자애가 조각을 하다니. 거칠고 힘든 작업이니만큼 당시 여자들이 조각을 하는 경우는 극히 드물었다. 남자들만의 작업, 남자들이 우글거리는 작업장에서 다 큰 여자가 그들과 뒤섞여 조각을 한다는 것은 클로델 부인으로서는 용납할 수 없는 일이었다. 그런 연유로 클로델 부인은 카미유를 더 미워하고 싫어했다.

알프레드 부셰는 로댕에 대해서 많은 것들을 알고 있는 듯했다. 그와의 교분도 있다고 했다.

"언제든 이 꼬마 숙녀분을 로댕에게 소개시켜 줄 수 있답니다. 이 숙녀분께서 원하시기만 한다면."

"카미유, 너도 방금 부셰 선생님의 이야기를 들었지? 너는 아마 로댕보다 더 훌륭한 작품들을 만들 수 있을 거다."

루이 프로스페는 카미유를 자랑스럽게 바라보며 말했다.

로댕…….

카미유는 가만히 그의 이름을 불러 보았다. 한 번도 만나 보지 않았지만 벌써 로댕은 카미유에게 친근한 이름이 되어 버렸다.

2장

험난한 도시 생활

파리로 가다

모든 것이 결정되었다. 이제 드디어 파리로 가는 것이다. 폴은 르그랑 중학교에 입학할 테고, 루이즈는 계속해서 피아노를 배우게 될 것이다. 그리고 카미유는 본격적으로 조각을 공부하게 된다. 루이즈는 날이 갈수록 어여쁜 숙녀로 변해 가고 있었고, 폴 역시 사려 깊고 예의바른 청년으로 자라나고 있었다.

동생들은 노장의 나무들처럼 쑥쑥 자랐다. 하긴 동생들뿐이겠는가. 카미유 역시 나날이 아름다운 숙녀로 성장했다. 눈은 이전보다 더 깊고 투명한 푸른빛으로 빛났고, 갈색의 머리는 그녀를 고혹적으로 보이게 했으며, 단단한 이마는 이지적이었다. 사람들은 차츰 카미유의 범상치 않은 아름다움을 눈치 채기 시작했다. 언제나 허름하고 칙칙한 옷을 입고 다니는 통에 그간 잘 드러나지 않았지만 어느 순간 그녀에게서 발산되는 광채를 사람들은 감지해 낼 수 있었던 것이다. 그럴 때마다 사람들은 감탄 섞인 말들을 뱉어 냈다.

"정말, 아름다운 눈이야. 저 푸른빛이라니."

"빛나는 머릿결은 또 어떻고."

"다리를 저는 게 흠이긴 하지만 말이야."

"무슨 소리야? 이 세상에 완전한 사람이 어디 있다고? 다리를 저는 건 흠이 아니야."

사람들의 말처럼 카미유는 약간 다리를 절었다. 하지만 다리를 저는 것은 카미유에게 그다지 큰 장애가 아니었다. 그녀는 불편함도 느끼지 못했고, 그 누구보다도 활력에 차 있었다. 여전히 책을 좋아했고, 어릴 때처럼 자연 속을 거니는 것을 즐겼으며, 주머니 속에는 언제나 칼과 나뭇조각이 넣어 다녔다. 그렇게 걷다가 문득 마음이 쏠리면 카미유는 할 일을 잊어버린 채 흙을 매만지거나 나무를 깎곤 했다. 사색에 잠겨 있다가도 불현듯 거칠고 정열적인 표정으로 사물을 바라보기도 했다.

폴은 커서도 여전히 카미유를 좋아했다. 거친 야생마처럼 들판을 쏘다니는 그녀의 자유분방함, 사물을 이해하는 카미유의 진지한 태도를 사랑했다. 아무것에도, 누구에게도 얽매이지 않는 카미유의 자유롭고 열정적인 영혼은 폴에게 많은 영향을 미쳤다. 가끔씩 둘은 심각한 대화를 나누었다. 자연과 사물에 대해, 혹은 영혼에 대해, 앞으로의 삶에 대해, 장차 희망에 대해. 어린 나이였지만 그들은 모든 사물 안에 깃들어 있는 생명을 볼 수 있었고, 그 생명에 대해 이야기를 나누었다. 재앵도 그렇고, 일일이 이름을 붙여준 노장 숲속의 나무들도 그랬다. 그들은 카미유의 친구이자 폴의 친구이기도 했다.

이제 그 모두와 이별이었다. 하지만 폴과 카미유는 알았다. 지금까지와는 다른 세상이 자신들을 기다리고 있다는 사실을. 그 세상은 카미유와 폴을 더 성숙하고 지혜로운 사람으로 이끌어 줄 것이다. 훌륭한 선생을 만나 체계적으로 배우고, 느끼고, 경험하다 보면 보다 더 분명한 길로 들어설 수 있을 것이다.

하지만 파리로 가는 일에 대한 클로델 부인의 반대는 심했다.

"우리 형편에 어떻게 그런 큰 도시에서 살아요."

"걱정 말아요. 어떻게든 되겠지. 아이들이 커 나가니, 이젠 보다 더 나은 교육이 필요하오. 특히 카미유에게는 새로운 자극이 필요해요. 처음엔 힘들더라도 차차 적응이 되면 괜찮아질 거요. 파리도 사람이 사는 곳인데, 정붙이면 살 만한 곳이 될 거요."

"당신은 늘 카미유 걱정이군요. 카미유, 카미유, 카미유. 당신에게는 카미유밖에는 없나요? 저는 그 아이가 미워요."

클로델 부인은 남편의 말에 서운한 표정을 지었다. 더구나 루이

프로스페는 가족과 함께 파리로 가는 것이 아니었다. 직업상 저당
권을 지켜야 하는 그는 와시쉬르블레즈로 전근을 가게 되었기 때
문에 클로델 부인과 아이들만 파리로 가게 되었던 것이다. 루이 프
로스페는 아내에게 미안했지만 하는 수 없었다. 한편으로는 내심
카미유가 더 염려되었다. 어머니와 사이가 안 좋은 카미유가 아무
걱정 없이 조각에 전념할 수 있을는지.

"주말마다 들를 테니까 너무 걱정하지 말아요. 내가 없는 집안에
서 당신이 고생하겠구려. 어떻게든 파리로 들어올 길을 알아볼 테
니까 조금만 참아요."

루이 프로스페는 아내를 위로했다. 남편이 건네는 위로의 말에
클로델 부인은 눈물을 훔쳐 냈다. 루이 프로스페가 마른 체격인 데
반해 클로델 부인은 살이 투덕투덕 올라 있었다. 첫아이를 잃고 심
하게 우울증을 겪으면서 성격이 신경질적으로 변해 버린 그녀는
언제나 화가 나 있는 듯한 표정이었고, 나이 차이가 많이 나는 루이
프로스페는 아이를 대하듯 늘 아내를 달랬다.

"당신은요? 숙식을 어떻게 해결할 생각이죠?"

"걱정하지 말아요. 그곳 와시에 있는 친구들을 통해 거처를 알아
보았으니 그곳에서 지낼 거요. 일이 잘 풀린다면 생각보다 빨리 파
리로 전근 오게 될지도 모르고 말이오."

"전 자신 없어요. 당신 없이 어떻게 그 거친 도시에서 살아요."

아무래도 안 되겠다는 듯 클로델 부인은 고개를 가로저으며 가지 않겠다고 버텼다. 참을성이 많은 루이 프로스페는 그런 아내를 달래고 또 달랬다. 그리고 어느 순간 카미유를 향해 말했다.

"카미유, 어머니 말씀 잘 듣고 있어라. 네가 맏이잖니. 지금까지 하던 대로 하면 안 돼. 파리는 시골이 아니야. 자칫 잘못하면 큰일이 날 수 있거든. 두 동생들도 잘 보살피고 어려운 일 있으면 연락해라. 열심히 공부해서 훌륭한 조각가가 되는 것도 잊지 말고. 게으름 피우면 안 돼."

카미유는 대답 대신 고개를 끄덕였다. 카미유는 아버지가 고마웠다. 언제나 무슨 일이든지 최선을 다하는 아버지가 믿음직스러워 보였다. 한데 언제 그렇게 늙어 버렸을까. 루이 프로스페의 얼굴에 가는 주름들이 실선처럼 나 있었고, 눈 밑은 움푹 꺼졌다. 왜 그동안 아버지가 늙어 가는 사실을 눈치채지 못했는지. 갑자기 늙어 버린 듯한 아버지의 모습에 카미유는 마음이 아팠다. 게다가 아버지가 입고 있는 오래된 외투도 낡아 보였다. 깃은 희끗희끗 얼룩이 남아 있었고, 단은 보풀이 일어나 있었다. 카미유는 자신의 새 외투를 마련하기보다 자식들에게 보다 더 나은 교육을 받게 해 주려는 아버지의 배려가 새삼 고마웠다.

카미유는 내심 다짐했다. 열심히 공부를 해서 꼭 아버지의 기대에 부응하는 훌륭한 조각가가 되겠다고. 그리고 미켈란젤로처럼 아름다운 조각들을 만들 거라고. 그녀는 자신도 모르게 두 주먹을 꼭 쥐었다.

어쨌든 카미유는 노장에서의 생활을 잊지 못할 것이다. 새벽 동 트기가 무섭게 숲으로 도망갔다가 하루 종일 그곳에서 보냈던 일 이며, 들판을 쏘다니던 일까지. 자신에게 조각가의 소질이 있다면 그것은 노장의 자연이 준 선물일 것이다. 부드럽던 흙, 아낌없이 자 신들 몸의 일부분을 내놓던 노장의 나무들, 듬직한 바위들, 그리고 마을 사람들까지. 그들이 없었더라면 카미유는 평범한 소녀에 지 나지 않았을 것이다. 게다가 다리를 절룩이는.

"전 당신 없이는 못해요. 카미유만 봐도 그래요, 쟤가 어디 제 말 을 듣나요? 당신 말은 잘 들어도 제 말은 듣지 않는다구요."

클로델 부인은 루이 프로스페에게 애원하듯 말했다. 그녀는 남 편도 없이 아이들과 함께 지내야 하는 파리 생활에 겁을 내고 있었 다. 모든 것을 루이 프로스페가 알아서 해 주었는데, 이제 자신이 직접 가족을 이끌어 나가야 한다니 미리부터 겁을 먹은 것이다. 카 미유는 그녀를 안심시킬 수 없었다. 자신이 잘하겠노라고, 그러니 걱정하지 말라고 어머니를 위로할 수 없었다. 아버지가 연신 달랬 지만 그녀는 막무가내였다.

하지만 클로델 부인도 남편의 결정을 따를 수밖에 없었다. 그녀 도 그 사실을 잘 알고 있었다. 루이즈를 위해서도, 폴을 위해서도 어쩔 수 없이 파리로 가야만 했다. 루이즈의 피아노 실력은 나날이 늘어갔고, 좋은 가문과 결혼을 하기 위해서라도 훌륭한 음악 학교에 진학해야만 했다.

클로델 부인은 크게 한숨을 쉬었다. 무언의 항복이었다.

파리의 첫인상

가족들을 태우고 가는 마차는 더디기만 했다. 클로델 부인은 연신 두려운 표정으로 밖을 살피고 있었고, 루이 프로스페는 피로한 듯 눈을 감고 있었다. 루이즈와 폴은 눈을 동그랗게 뜬 채 마차 밖으로 지나가는 사람들을 바라보거나 생소한 풍경들을 호기심 가득한 표정으로 바라보았다. 가끔 폴과 카미유는 시선이 마주칠 때마다 상기된 얼굴로 웃었다. 파리가 가까워질수록 공기도 달라졌다. 노장의 숲이 주던 달큼하고도 비릿한 냄새 대신, 어딘지 숨이 막히는 매캐함이 공기 속에 스며 있었다. 하늘 역시 뭉게구름이 몰려 있던 비취 빛깔의 하늘이 아니었다. 어딘지 흐리고, 답답하기만 했다. 소리도 달랐다. 새 소리와, 시냇물 소리와, 뚝뚝 나뭇가지 부러지는 소리가 아닌, 마차 구르는 소리, 사람들의 새된 음성, 철커덩거리는 정체불명의 소리들이 한데 섞여 소음으로 날아들었다. 하지만 카미유는 파리가 가까워질수록 가슴이 뛰었다.

파리. 파리가 카미유를 기다리고 있었다. 아니, 파리는 아직 카미유의 존재를 모르고 있었다. 파리에게 카미유는 단지 시골 출신의 순박한 소녀에 지나지 않았다. 빳빳하게 풀을 먹인 깃과 발등을 덮는 치마, 낡은 구두에 질끈 묶은 머리, 꼭 다문 입이 전형적인 시골 아가씨의 모습이었다. 하지만 카미유는 생각했다. 이제 조만간 사람들이 자신의 이름을 듣게 되리라고. 꼭 그렇게 만들고야 말리라고. 카미유는 저도 모르게 입술을 세게 물었다.

마차 밖으로 보이는 풍경이 조금 전과는 달랐다. 사람들도 많아 북적였고, 소란스러웠으며, 건물들이 빼곡했다. 파리였다. 카미유는 파리의 모습에 적이 흥분됐다. 상점들이 줄지어 들어선 거리는 화려하게 꾸며 입은 사람들로 활기가 넘쳐 보였다. 노장의 뒷숲에서 자유롭게 뛰어놀던 추억도 소중했지만, 자유로운 분위기가 압도하는 파리는 카미유에게 저릿한 흥분을 안겨 주었다. 거리를 지나는 남녀들의 모습도 노장에서 보던 사람들과 사뭇 달랐다.

노장의 사람들은 순박하고, 밭일에 얼굴들이 까맣게 타 있었지만 파리의 사람들은 한껏 멋을 냈고, 표정들도 거만했으며, 걸음걸이도 달랐다. 하긴 멋을 부린 사람들만 있는 것이 아니었다. 어떤

이는 추레한 차림으로 땟국물이 흐르는 뒷골목에 널브러져 있었고, 거리에 주저앉아 술병을 들고 욕설을 퍼붓는 걸인들도 있었다. 마차에 위협적으로 불쑥 덤벼드는 사람도, 여기저기 심한 욕설을 섞어 가며 싸우는 사람들도 있었다.

풍경 또한 노장과 크게 달랐다. 작은 가옥과 첨탑이 있는 성당, 정다운 오솔길과 길가에 돋아나 있는 풀들이 마냥 싱그럽고 한가하던 노장의 풍경과는 달리 파리는 번잡하고, 소란스러웠으며, 곳곳에 오물들로 넘쳐났다. 파리의 첫인상은 그리 만만한 도시가 아니라는 것이었다.

파리는 생각했던 것 이상으로 위험해 보였다. 하지만 이제 그 모든 것들에 익숙해져야만 했다. 카미유 역시 여기서 살아남아야 한다는 생각에 한편으로는 마음이 무겁기도 했다. 파리지엔. 이제 카미유도 파리 사람이 된 것이다.

카미유는 덜커덩거리는 수레에 짐들을 싣고 파리로 들어온 이 순간을 결코 잊지 못할 것이라고 생각했다. 그때 갑자기 카미유 앞에 앉아 있던 폴이 낮게 한숨을 내쉬었다.

"폴, 왜 그래? 파리야. 넌 좋지 않아? 우리가 드디어 파리에 왔단 말이야."

카미유는 누가 들을세라 목소리를 낮춰 폴에게 속삭이듯 이야기했다.

"난 벌써 노장이 그리워졌어."

폴이 시무룩하게 대답했다.

"왜? 하고 싶던 공부를 하게 됐는데."

"모르겠어. 저 복잡한 거리들을 보니까 머리가 어지러워."

"마음 편하게 먹어. 넌 잘 적응할 수 있을 거야. 나는 이곳에서 성공하고 싶어. 꼭 훌륭한 조각가가 될 거야. 카미유 클로델. 사람들은 곧 이 이름을 듣게 될 거라고."

"그래. 누나는 꼭 성공할 거야."

폴은 카미유를 바라보며 말했다. 루이 프로스페가 그런 폴의 어깨를 가만히 감싸 안았다.

드디어 마차가 파리의 한 주택가에서 멈춰 섰다. 오랫동안 덜커덩거리는 마차를 타고 오느라 카미유는 엉덩이가 다 얼얼할 지경이었다.

"여기가 우리가 살 집이다. 더 좋은 집을 마련하지 못해 미안하구나. 그래도 살다 보면 정이 들 거야."

루이 프로스페가 마차에서 내려서며 말했다. 노장에서는 누구보다도 믿음직스럽고 당당하던 아버지는 파리에서 왠지 힘이 빠진 사람처럼 보였다. 카미유는 아마도 먼 여행 때문일 거라고 생각했지만 기실 그 이유가 전부인 것 같지는 않았다. 거리에는 아버지보다 더한 멋쟁이가 많았고, 실크 모자에 검은 양복으로 잘 차려입은 신사들이 넘쳐났던 것이다. 때문에 루이 프로스페의 낡은 양복은 그날따라 더 낡아 보였다.

자신들이 앞으로 살게 될 집을 본 클로델 부인의 표정이 어두웠다. 어머니의 옆에 서 있던 루이즈 역시 실망하는 기색이 역력했다. 하지만 카미유에게는 집은 문제가 되지 않았다. 비록 낡았지만 아담한 집이었다. 길 건너편에는 노장에서 보던 숲 대신 고만고만한 건물들이 어깨를 나란히 하고 있었고, 끊임없이 오가는 사람들로 시끄럽긴 했지만 가족들과 함께 살 집이라고 생각하자 카미유는 금세 정이 갔다.

카미유는 새롭게 살 집의 내부가 궁금해 마차에서 내리자마자 뛸 듯이 계단을 올라갔다. 계단은 사람들의 발길로 닳고 닳아 있었다.

"카미유! 카미유! 네 짐을 가지고 올라가야지."

클로델 부인이 카미유를 향해 소리쳤다. 하지만 카미유는 어머니를 도와 짐을 옮기기보다는 먼저 집 안부터 살펴보고 싶었다. 기우뚱기우뚱, 걸을 때마다 몸이 좌우로 흔들렸다. 걸음보다 마음이 앞선 탓인지 카미유는 그날따라 다리를 더 심하게 절었다. 내부로 들어서자 오래된 집에서는 어딘가 삭아 가는 큼큼한 냄새가 희미하게 풍겨났다. 카미유는 강아지처럼 코를 벌름거리며 집 안 구석구석을 돌아다녔다. 오른쪽에는 복도가 있었고, 왼쪽에는 식당과 거실이 있었으며 거실 밖으로 커다란 발코니가 있었다. 그 밖으로 나가자 골목에 고여 있던 하수의 역한 냄새가 후각을 자극했다. 이제 조만간 그 냄새도 익숙해질 것이다.

방은 넉넉하지 않았다. 카미유는 루이즈와 함께 방을 써야만 했고, 폴만 독방을 차지했고 집안일을 돕는 외젠은 위층 골방을 쓰기로 했다. 카미유는 루이즈와 한방을 쓰는 일이 불편했다. 동생이지만 아무래도 루이즈와는 친해지지가 않았고, 루이즈 역시 카미유와 한방을 쓰는 일을 달가워하지 않았다. 얌전한 아가씨는 저녁이면 불을 끄고 곤한 잠을 자고 싶어할 테지만 카미유는 잠자는 시간을 아껴 책을 읽고 싶었다. 분명 루이즈는 불을 끄지 않는다고 투정을 부릴 터이다. 카미유는 마음이 답답해졌다. 물론 거실에 나와 책을 읽으면 될 테지만 카미유는 오랜 습관대로 잠자리에서 책을 읽고 싶었다. 게다가 클로델 부인은 책을 읽는다고 늦게까지 거실에 불을 밝혀두는 카미유를 달갑게 여기지 않을 것이다.

양손 가득 무거운 짐을 들고 들어오던 클로델 부인은 포옥 한숨을 길게 내쉬었다. 이제 이곳에서 생활해야 한다고 생각하니 새삼 두려운 모양이었다. 노장에서처럼 다정한 이웃이나 맑고도 환한 햇빛은 기대하기 어려웠다.

"다른 사람들은 짐을 부리는데 너는 도와줄 생각은 않고 여전히 네 할 일만 하는구나."

클로델 부인의 어조에는 짜증이 묻어났다. 외젠이 힘겹게 카미유의 짐들을 끌고 왔다.

"고마워, 외젠."

카미유는 얼른 외젠의 손에서 자신의 옷 가방을 넘겨받았다.

"벌써부터 자신이 할 일을 남에게 맡기는데, 어떻게 카미유를 믿고 살아야 할지 모르겠어요."

클로델 부인은 동조를 구하는 표정으로 남편을 돌아보았다.

"걱정 말아요. 새로 살게 될 집이 궁금해서 그런 거지. 카미유도 곧 철이 들 거요."

"눈으로 직접 확인을 하고도 당신은 카미유 편만 드는군요."

클로델 부인은 남편을 원망하는 표정을 지었다. 언제나 루이 프로스페는 카미유 편이었고 든든한 후원자였다. 카미유는 그런 아버지와 함께 생활하지 못하는 점이 못내 서운했다.

"카미유, 이 아버지와 한 약속 잊지 않았겠지?"

루이 프로스페는 부드러운 음성으로 카미유를 나무랐다. 카미유는 외젠에게서 가방을 받아 들고 루이즈와 함께 쓰기로 한 방으로 들어가 짐을 정리했다. 하지만 마음은 줄곧 집 밖, 파리의 거리에 있었다. 짐만 정리하면 거리 구경을 나갈 것이다. 조금 전 마차 안에서 풍경을 구경한 걸로는 마음에 차지 않았다.

파리가 궁금했다. 파리 곳곳의 모든 것이 보고 싶었다. 카미유는 파리를 직접 눈으로 확인해 보고 싶었다. 차차 모든 것에 익숙해질 테지만 그때까지 기다릴 수 없었다. 궁금하면 참지 못하는 성격이라 마음이 바빴다.

대충 짐이 정리되자 카미유는 살그머니 집을 나섰다. 언제 보았는지 폴이 뒤를 쫓아왔다. 카미유는 집에서 멀리 떨어진 곳까지 가볼 심산이었다.

하지만 카미유의 호기심은 장애에 부딪치고 말았다. 술에 취한 한 남자가 카미유의 팔을 붙잡으려고 하는 통에 놀라 소리까지 지를 뻔했다. 그뿐이 아니었다. 음산한 뒷골목에는 술에 취해 누워 있는 사람도 있었고, 때에 전 손을 내밀고 구걸하는 사람도 많았으며, 곳곳에서 매춘부들이 함부로 치마를 걷어 올리고 남자들을 유혹했다. 냄새 또한 독했다.

카미유는 우울했다. 폴 역시 놀란 표정으로 누나의 뒤를 바짝 따라왔다. 카미유는 갑자기 몸을 돌려 오던 길을 되돌아 갔다. 파리에 정이 들기도 전에 어두운 구석부터 보고 싶지 않았다. 폴은 그림자처럼 카미유를 따랐다.

집 안으로 들어오는 딸의 표정이 심상치 않자 루이 프로스페는 걱정스런 표정으로 물었다.

"그래, 아가씨, 파리가 아가씨를 반기지 않더냐?"

"아니요. 모르겠어요."

카미유는 화가 난 듯 우울하게 대답했다.

"걱정하지 마라. 처음이니까 그런 거야. 조금 지나면 모두 다 괜찮아질 거야. 물론 노장에서처럼 모든 것이 풍족하지는 못하겠지만 그래도 나은 것도 있지 않느냐. 정식으로 조각 수업을 받을 테고, 또 전 세계의 예술가들이 이곳으로 모여들테니 얼마나 근사한 일이냐. 그러니 아쉬우면 아쉬운 대로 견뎌 내야지."

"네."

카미유는 아버지의 말에 한결 기분이 나아졌다. 그래, 잘하면 이곳에서 로댕을 볼 수 있을지도 모른다.

인체에 주물을 부었다는 오해를 받을 만큼 섬세한 표현으로 조각계를 발칵 뒤집어 놓은 사람을 볼 수 있다는 생각만으로도 카미유의 기분은 완전히 나아졌다.

파리의 밤은 소란스러웠다. 노장에서는 밤이 되면 사람은 물론 새들도 잠자리에 들었는데, 파리의 사람들은 한밤중에도 잠들지 않았다.

다음 날 아침 루이 프로스페는 근무지로 떠나기 위해 옷을 차려 입었다. 카미유는 이제 아버지를 매일 볼 수 없다는 사실이 서운했다. 언제나 자신의 편이 되어 주던 아버지였는데, 갑자기 날개가 사라져 버린 듯이 허전했다.

"미안하구나. 그렇지만 어떡하겠니? 대신 휴일에는 꼭 보러 오마. 그러니 너무 서운해 하지 말고 공부나 열심히 하렴."

루이 프로스페는 인자한 웃음을 지으며 말했다.

"네. 꼭 약속 지킬게요."

"그래, 기대하마. 우리 조각가님, 너는 로댕보다 더 훌륭한 조각가 될 거야. 너는 할 수 있을 거야. 암, 그렇고말고."

카미유는 고개를 끄덕여 보였다. 로댕이라는 이름만 들어도 가슴이 다 뿌듯했다. 루이 프로스페는 카미유의 넓고 단단한 이마에 가볍게 입맞춤을 해줬다. 이제 정식으로 예술가의 길을 걸어가려는 딸에게 보내는 격려이자 아버지의 소망이 깃든 입맞춤이었다.

"폴, 집안에 남자는 너뿐이야. 어리지만 네가 어머니와 누이들을 보살펴 줘야 한다. 알겠지? 네 책임이 크다는 것을."

폴은 어깨를 쭉 펴며 아버지, 루이 프로스페를 안심시켰다. 그 옆에서 클로델 부인은 연신 손수건으로 눈가를 찍어 내고 있었고, 루이즈 또한 금방이라도 울 듯한 표정으로 아버지를 배웅했다.

가족들을 파리에 남겨 두고 혼자 근무지로 떠나는 루이 프로스페의 뒷모습이 왠지 쓸쓸해 보였다.

비상을 꿈꾸며

파리는 아직 카미유를 몰랐다. 그저 혜성처럼 나타난 로댕의 이야기로 술렁일 뿐. 사람들이 여전히 그의 작품에 찬탄과 의혹의 눈길을 동시에 보내고 있는 와중에도 로댕은 차근차근 명성을 쌓아가고 있었다. 어디 로댕뿐일까.

수많은 예술가들이 성공을 위해 모여드는 곳이 예술의 고장, 파리였다. 꿈을 이루기 위해 몸부림을 치다 결국은 거듭되는 실패와 가난에 지쳐 이름 없이 사라져 간 이들도 많았고, 다행히 성공을 거두어 명성을 얻은 사람도 많았다. 카미유는 그곳에 있었다. 사상과 철학과 예술이 흐르는 곳, 자유와 열정이 넘치는 곳, 수많은 예술가들이 함께 북적이며 사는 곳. 카미유는 그들과 한 도시에 있는 것만으로도 행복했다.

하지만 파리는 비정했다. 주목을 끌지 않으면 철저히 무시되는 곳이 파리였다. 카미유는 두려웠다. 파리가 자신을 받아들여 줄지 알 수 없었다. 아니, 파리의 조각계가 자신을 인정해 줄지도 의문이었다. 남자들의 고유한 영역으로 인식되는 조각계에서 여자의 몸으로 살아남을 수 있을지, 그것 역시도 모를 일이었다. 하지만 카미유는 믿었다. 그때가 언제일지 모르지만 언젠가는, 까다롭기 그지없는 조각계에서도 자신을 받아들여 줄 거라고 말이다. 그러기 위해 끊임없이 노력해야 한다는 사실을 알고 있는 카미유의 각오는 그 어느 때보다도 견고했다.

늙은 엘렌

노트르담데샹 가에 있는 아틀리에에 끝까지 남은 사람은 카미유
뿐이었다. 친구들은 모두 아당 부인이 주최하는 저녁 모임에 가고
없었다. 조금 전의 소란스러움이 사라져 버린 작업실은 무섭도록
조용했다. 카미유는 그 적막에 도무지 익숙해지지가 않았다. 돌을
깨거나 문지르고, 왁자한 수다와 웃음소리들로 시끌벅적하다가 수
다쟁이 친구들이 사라져 버린 아틀리에는 무덤가처럼 고요하기만
했다.

이 같은 적막감이 그리웠으면서도 막상 혼자 남겨지자 카미유는
쓸쓸함을 느꼈다. 하지만 완벽하게 작업에 몰두할 수 있고, 자신의
손끝에서 탄생하는 작품과 교감할 수 있는 시간이 바로 이 순간임

을 또한 알았다. 게다가 살롱전이 얼마 남지 않았다. 카미유는 프랑스 예술인 살롱전에 출품할 작품을 만들고 있었다. 지나치게 장식적이거나 예쁘기만 한 작품 대신 인간의 내면을 나타내는 정직한 작품을 만들고 싶었다. 어쩌면 이번 살롱전이 자신의 데뷔전이 될지도 몰랐다. 카미유는 그 살롱전에 최선을 다하고 싶었다.

하지만 여건은 좋지 못했다. 아버지가 보내 주는 돈은 아틀리에 생활을 유지하기에도 벅찼다. 물론 친구들과 함께 공동으로 사용하고 있기는 했지만 대리석 비용이며, 모델 구하기도 빠듯했다. 하지만 아버지에게 손을 내밀 수는 없었다. 루이즈의 피아노 교습비며 폴의 수업료, 가족들의 생활비와 외젠의 급료까지, 집안의 경제 상황은 카미유에게 더 지출할 여유가 없었다. 카미유 역시 형편을 알고 있었다.

그렇다고 조각을 그만둘 수는 없었다. 친구들 역시 살롱전에 출품하기 위해 열심이었다. 모델들을 구하고, 스케치하고, 이것저것 주문하며 그녀들은 하루하루 다가오는 살롱전을 열심히 대비하고 있었다. 하지만 그녀들은 엄살 또한 심했다. 제인, 버지니아, 넬리의 형편은 카미유보다 나았다. 그러나 카미유는 불평하지 않았다. 지금까지 자신을 지원해 준 것만으로도 아버지와 어머니에게 충분히 고마움을 느끼고 있었다.

친구들은 마음에 드는 표정과 포즈를 얻기 위해 자꾸만 모델을 바꾸었다. 만족할 만한 표정과 인체의 곡선이 아름답게 나오지 않는다면서 이틀이 멀다하고 모델들을 바꾸었던 것이다. 하지만 카미유는 모델료를 지불할 수가 없었다. 카미유의 모델은 머릿속에 있었다. 주름진 이마와, 완강하게 다물린 입가에는 빈정거리는 듯한 미소가 피어 있고, 볼이 늘어진 여자. 그녀의 이름은 엘렌이었다. 신산한 세월의 무게를 고스란히 얼굴에 담은 그녀는 외젠의 뒤를 이어 집안일을 돕는 늙은 하녀였다.

카미유는 자신이 만든 엘렌의 흉상을 바라보고 있었다. 그녀는 카미유를 바라보지 않고, 비스듬히 시선을 비껴 허공을 바라보고 있었다. 카미유는 이 늙은 하녀가 좀 더 아름다운 세상을 꿈꿀 수 있도록 시선을 일부러 먼 데를 향하게 만들었다. 고집스러우면서도 심술궂은 여자의 모습, 카미유는 이 흉상을 〈나이 든 엘렌〉이라 부르기로 했다. 카미유는 엘렌만큼 완벽한 조건을 갖춘 모델도 없다고 생각했다. 세월의 흐름이 고스란히 얼굴에 묻어나는 엘렌이야말로 삶의 고뇌를 표현하기에 가장 적합한 모델이었다.

어느 날 저녁, 카미유는 거실에서 차를 한잔 마시다가 우연히 엘렌을 바라보았다. 그때 어머니를 도와 탁자를 치우고 있던 엘렌은 문득 고개를 들고 비스듬히 허공을 바라보았다. 그 순간 카미유는 내부에서 꿈틀대는 기운을 느꼈다. 엘렌을 만들어 보고 싶다는 욕구였다. 골 깊은 주름, 늘어진 볼, 거친 살결들이 제대로 표현만 된다면 훌륭한 작품이 될 것이다.

　늙은 엘렌은 자신에게 와 닿는 시선을 느끼고 고개를 두리번거렸다. 그리고는 자신을 바라보는 카미유를 발견했다.

　"카미유, 무슨 일이야. 왜 그렇게 나를 바라보지?"

　"아냐, 엘렌. 부탁이야. 잠시만 그렇게 있어 줘. 움직이지 말고."

　말을 마친 카미유는 얼른 데생 준비를 했다.

　"이 늙은 사람을 어디다 쓸 데가 있다고 그러실까."

"아니야. 일을 하는 엘렌의 모습이 너무 아름다워. 이마에 난 주름도 그렇고. 내가 아무리 조각을 잘한다 해도 그 이마에 난 주름은 어떻게 해볼 수 없을 거야. 그 표정은 또 어떻고."

"아이구, 날 가지고 노시네. 난 카미유의 젊음이 부럽기만 하구면. 할 수만 있다면 바꾸고 싶어."

카미유는 반짝 눈을 빛내며 엘렌의 모습을 스케치했다. 언젠가는, 언젠가는 이 스케치를 청동으로 만들 것이다. 힘든 노동과 세월에 단련된 이 고집스러운 늙은 여자를 청동상으로 옮겨 놓으면 딱 좋을 것이다. 종이 안에 희미한 웃음을 짓고 있는 엘렌이 완성되었다.

지금 카미유가 보고 있는 조각이 바로 그 엘렌이었다. 조각 속의 엘렌이 카미유에게 묻는 듯했다.

"어때요? 카미유, 만족해? 주름은 어떻게 만들었어?"

카미유는 엘렌의 물음에 고개를 가로저었다. 아무리 다듬고 또 만진다 해도 실물이 주는 감동을 따라잡을 수 없었다. 카미유가 만든 조각에서는 엘렌의 피부 속에 흐르고 있을 따뜻한 피들을 느낄 수 없었다. 카미유는 안타깝게 엘렌을 바라보았다. 어둠이 차츰 엘렌을 집어삼키기 시작했다. 빛이 완벽하게 사물을 지워 내고 있었다.

카미유는 어둠 속에서 꼼짝도 하지 않고 앉아 있었다. 어둠이 집어삼킨 엘렌의 모습은 고스란히 카미유의 머릿속에 남아 있었다.

카미유는 낮게 한숨을 내쉬었다. 제인과 버지니아와 넬리는 지

금쯤 무얼 하고 있을까. 아당 부인이 주최하는 사교계 모임에서 즐거운 시간을 보내고 있을지도 모른다. 화려한 불빛 아래서 그녀들은 후원자를 찾아 부지런히 눈동자를 굴리고 있을 것이다.

수다스러운 세 명의 친구들은 저녁 모임을 위해 한껏 멋을 부렸다. 리본을 머리에 대 보고 행여 옷자락 어디에 흙이 묻어 있지나 않나 살펴보고 서로를 추켜세웠다.

"버지니아, 붉은색은 나에게 어울리지 않는 것 같아."

"무슨 소리야, 넬리. 네 볼이 창백해서 붉은색이 얼마나 어울리는데. 불만이라면 오히려 내가 더 불만이야. 어찌나 머릿결이 거친지 이 리본이 잘 어울리지 않아."

넬리의 투정에 버지니아가 대답했다.

"걱정하지 마. 리본도 네 머리에 잘 어울려. 공연한 걱정이야."

제인은 버지니아를 바라보며 말했다.

"넌 왜 그래?"

이번에는 넬리가 버지니아를 돌아보며 물었다.

"손이 너무 거칠어졌어. 늘 흙 반죽을 하고 돌을 만지며 살다 보니, 예전의 부드럽고 예쁘던 손이 아냐."

버지니아의 말에 셋은 자신들의 손을 들여다보았다. 버지니아의 말은 거짓이 아니었다. 넬리와 제인의 손이 많이 거칠어져 있었다.

"정말이네. 이를 어쩌면 좋아."

세 명의 아가씨들은 금세 울상을 지었다. 그 곁에서 카미유는 웃을 듯 말 듯한 표정으로 친구들을 바라보고 있었다. 자신은 손이 갈라지고 굳은살이 박여도 좋았다. 좋은 작품만 만들 수 있다면 그 정도쯤은 기꺼이 감수하리라 생각했다.

"한데 카미유, 넌 정말 가지 않을 작정이니?"

버지니아가 카미유를 향해 물었다.

"응."

"너도 가야 해. 그 모임이 얼마나 중요한지 너도 잘 알고 있잖아.

한데 안 가겠다니, 넌 참 이상한 애야."

"맞아. 사람들은 여자 조각가의 작품을 원하는 게 아냐. 작품보다는 그 조각가의 아름다움을 원하지. 아당 부인이 주최하는 이 모임이야말로 얼마나 좋은 기회인지 너도 잘 알잖아."

넬리의 말처럼 그곳에는 많은 사람들이 올 것이다. 비평가들, 기자들, 이름난 화가와 조각가들, 그리고 사교계의 거물들이 참석할 것이다. 알프레드 부셰 또한 그곳에 갈 것이다. 그곳에서 사람들은 서로 눈인사를 나누고 정보들을 교환할 것이다. 어쩌면 로댕도 그곳에 있을지 모른다. 로댕. 그는 어떻게 생겼을까.

"카미유 클로델이라는 이름을 알릴 수 있는 좋은 기회란 말이야. 그러니 카미유, 이렇게 있지 말고 우리와 함께 가자."

"아냐. 난 여기 있을 거야. 그러니 너희들이나 다녀와."

"저 나이 든 여자와 함께 있겠단 말이지?"

넬리가 엘렌의 흉상을 턱으로 가리키며 말했다.

"나 같으면 안 그러겠어. 아당 부인의 영향력이 얼마나 큰지 너도 잘 알잖아."

"그래."

카미유는 생각만 해도 숨이 막히는 듯했다. 누가 뭐라고 해도 자신은 작품으로 인정을 받으리라 다짐했다. 그렇듯 인간관계로 자신을 인정받기보다는 작품으로 정면 승부를 하리라 카미유는 늘 생각하고 있었다. 아름다운 얼굴을 무기삼아 사람들에게 카미유라는 이름을 알린다면 그처럼 얄팍한 일도 없을 것이다. 정정당당히 작품으로 승부를 가리는 것이 진정한 조각가의 자세다. 이때까지 조각만을 생각하며 살았으니, 앞으로도 그러하리라.

카미유는 새삼 노장에서의 생활과 그곳에 두고 온 친구들이 그리웠다. 재앵과의 대화, 웅숭깊던 숲의 그늘, 늙은 나무들, 크고 작은 돌멩이와 풀들, 머릿결을 날리던 바람, 두둥실 떠가던 구름…… 파리의 생활과는 너무나 다른 일상들. 재앵은 여전히 노장의 숲을 지키고 있을 것이다.

하지만 그녀는 더 이상 노장의 숲속을 헤매던 어린 소녀가 아니었다. 고집스러우면서도 정열이 깃들어 있는 눈매와 부드러운 입술은 카미유를 매력적인 여성으로 만들었다. 그랬다. 카미유는 어

느새 아름다운 여인으로 성장해 있었다. 18세의 여성. 허름한 아틀리에 안에서 매양 돌을 깨고 흙을 만지느라 그 아름다움이 제대로 드러나지 못했지만 그래도 사람들은 카미유의 아름다움을 알아볼 수 있었다.

어느덧 친구들은 맑고도 경쾌한 웃음소리를 남기고 아틀리에 밖으로 나갔다. 그들이 사라진 아틀리에는 왠지 낯설었다. 아틀리에에 깔리기 시작한 적막과 고요가 어둠과 함께 카미유에게로 달려들었다.

이제 엘렌도 보이지 않았다. 카미유는 문득 외로웠다. 무언가 자신의 내부를 뜨겁게 달구는 것이 있었다. 어쩌면 그것은 광기였는지도 모른다. 조각에 대한 열정, 작품에 대한 집착. 그리고 거기에서 비롯되는 광기……

에콜 데 보자르

"누나는 왜 가지 않았어?"

폴이 그녀의 얼굴을 살피며 물었다. 카미유는 그런 폴을 향해 웃어 보였다.

"나는 그렇게 어수선한 곳은 싫어."

말은 그렇게 했지만 사실 카미유도 그 모임에 가고 싶었다. 왜 안 그러겠는가. 자신의 내부에 들어 있는 열정은 사람들을 그리워하게 만들었다. 하지만 카미유는 내색을 하지 않았다. 사실은 가려 해도 입고 갈 옷이 없었다. 온갖 사람들이 다 모인 자리에 낡아빠진 옷을 입고 갈 수는 없었다. 해져서 단이 너덜너덜해진 치마에, 빛바랜 상의는 후줄근했고, 머리를 묶을 예쁜 리본 하나 없는 카미유에게 아당 부인의 연회는 그저 다른 세상 이야기일 뿐이었다. 하지만 도저히 다른 사람에게 진실을 이야기할 수는 없었다. 그것은 그녀의 마지막 자존심이었다.

"폴, 너는 어떠니? 이곳 생활에 잘 적응해 가고 있는 거니?"

"응. 누나. 하루하루가 즐거워. 그동안 친구들을 많이 사귀었지. 그들 가운데는 이름만 들어도 알 수 있는 유명한 친구들도 있어. 시를 쓰는 친구들도 있고, 음악을 하는 친구들도 있고. 그 친구들이랑 사상과 문학 이야기를 나눌 때면 너무 행복해. 노장에서의 생활과는 전혀 딴판이야. 그곳에서의 생활도 즐거웠지만 이곳의 하루하루는 놀라워. 아침이 되면 설레. 오늘은 또 누굴 만나게 될까. 누구와 또 어떤 이야기들을 나누게 될까 하고 말이야."

"다행이구나."

카미유는 진심으로 폴을 축하해 주었다. 그러고 보니 폴의 얼굴은 마치 사랑에 빠진 사람처럼 생기로 넘쳐났다.

"누나는 어때?"

"열심히는 하고 있는데 글쎄……."

카미유는 뒷말을 흐렸다. 지금으로서는 아무것도 말할 수 없었다. 자신은 지금 그저 연습생에 불과했으므로.

"누나의 최근 작품들이 보고 싶어."

"그래, 언제든지 아틀리에로 와."

그 말에 클로델 부인의 표정이 굳어졌다. 여전히 클로델 부인은 카미유가 조각을 하는 것이 마음에 들지 않았다. 지금이라도 말릴 수 있다면 그러고 싶었다. 루이즈는 거실 한편에서 피아노를 치고 있었는데, 솜씨가 제법이었다.

"한데 말이야, 폴, 너 셰익스피어의 글 읽어 봤니? 너라면 한번쯤 꼭 읽어 봐야 해. 그를 빼놓고서는 문학을 이야기할 수 없지."

"응, 읽었어. 한데 요즘에 나는 랭보에 빠져 있어. 천재 시인 말이야. 게다가 조만간 우리는 만나기로 했어."

"그렇구나. 지금 읽고 있는 것도 랭보니?"

폴은 수줍게 자신이 보고 있던 책을 덮어 뒤로 감췄다. 카미유는 그런 동생의 태도가 서운했다. 뭔가 비밀이 생긴 모양이었다. 하긴 폴도 이젠 다 큰 남자였다. 예전처럼 자신을 따라다니던 아이가 아니었던 것이다. 예전에는 카미유가 폴에게 종교와 사회적 관습의 잘못된 부분을 이야기해 주었고, 상상력과 지혜를 일깨워 주었다. 한데 이제 폴에게는 자신만의 세계가 분명히 있는 듯했다.

"언제 너의 랭보를 나에게도 보여 주려무나. 그리고 아틀리에에 놀러 와. 꼭 보여 주고 싶은 게 있어."

"그럴게, 누나. 그런데 벌써 자러 가?"

"응. 오늘은 일찍 쉬고 싶어."

카미유는 여느 때 같지 않게 일찌감치 자리에서 일어났다.

내일은 카미유에게 특별한 날이었다. 알프레드 부셰와 국립 미술학교인 에콜 데 보자르에 가기로 약속했던 것이다. 당시 에콜 데 보자르는 조각을 하는 사람들은 모두 꼭 가고 싶어하는 곳이었다.

카미유는 도무지 잠을 이룰 수 없었다. 드디어, 드디어 그토록 꿈에 그리던 학교에 가게 되는 것이다.

카미유가 잠을 이루지 못하고 부스럭대는 통에 루이즈는 짜증을 부렸다. 그러나 어떻게 잠을 잘 수 있단 말인가. 꿈에도 그리던 국립 미술학교인데.

3장

로댕과의 숙명

거절

카미유는 떨리는 마음을 진정하려 심호흡을 했다. 잠시 후 에콜데 보자르의 교장인 폴 뒤부아가 들어왔다. 그는 알프레드 부셰를 보고 반갑게 인사를 했다. 두 사람은 그간의 안부를 묻고, 격의 없이 이야기를 나누었다.

카미유는 뛰는 가슴을 진정시킬 수 없었다. 에콜 데 보자르. 과연 나는 이 학교에 다닐 수 있을까. 이제 잠시 후면 모든 게 결정이 난다. 카미유는 자신이 떨고 있다는 사실을 들키지 않으려고 일부러 당당한 표정을 지어 보이며 교장실을 둘러보았다. 교장실은 별다른 치장 없이 검소하면서도 지나치게 엄숙하거나 권위적이지도 않았다. 소박하면서도 어딘지 꽉 차 있는 듯한 교장실의 풍경이 카미유의 마음에 들었다.

창문 너머로 대리석을 쪼는 소리가 깡깡 들려왔다. 머리에 돌가루를 뒤집어쓴 남학생들이 창고 같은 교실 안을 왔다 갔다 했고, 옆 교실에서는 모델을 가운데 세워 놓고 데생을 하고 있었다. 그 가운데 여학생은 한 명도 보이지 않았다. 카미유는 그 점이 마음에 걸렸다.

자신의 옷 중 가장 깨끗한 옷을 골라 입고 온 카미유는 목까지 꼭꼭 채운 단추 때문에 숨이 막힐 것만 같았다. 금방이라도 단추를 풀어헤치며 심호흡을 하고 싶었지만 애써 참았다.

알프레드 부셰는 카미유를 교장에게 인사시켰다.

"일전에 제가 말씀드렸던 카미유 클로델입니다."

"어서 와요. 아름다운 숙녀분이시군요."

카미유는 얼굴을 붉혔다.

알프레드 부셰는 카미유가 빚은 〈다윗과 골리앗〉의 조각을 꺼내 놓았다. 언제 보아도 〈다윗과 골리앗〉은 조형적으로 뛰어났다. 폴 뒤부아는 눈을 반짝 빛내며 알프레드 부셰가 내놓은 조각들을 흥미롭게 바라보았다.

"어떻습니까?"

슬쩍 폴 뒤부아의 표정을 살피며 알프레드 부셰가 물었다.

"대단한 작품이군요."

"그렇지요?"

"표정이 살아 있어요."

알프레드 부셰는 폴 뒤부아의 말에 빙그레 웃었다.

"바로 이 숙녀분이 만들었답니다."

"정말입니까? 어떻게 당신 같은 아름다운 숙녀분이 이런 작품을 만들 수 있었을까요. 아마도 로댕에게 지도를 받은 모양이군요."

폴 뒤부아는 〈다윗과 골리앗〉과 카미유를 번갈아가며 바라보았다. 로댕이라니. 카미유는 꼭 끼는 단추 때문에 답답하던 가슴이 로댕이라는 말에 더 답답해졌다. 카미유는 아직까지 로댕을 만나 본적도 없었지만 화가 났다. 마치 자신의 창작품을 도난이라도 당한 심정이었다. 순전히 자신의 손과 아이디어로 만든 작품을 로댕과 연관시키다니. 카미유는 이때까지 지니고 있던 로댕에 대한 호기심이 반감으로 바뀌는 것을 느꼈다. 어쩌면 그가 있는 한 자신은 빛을 보지 못할 거라는 불길한 예감마저 들었다.

"아니, 아니에요. 저는 로댕을 몰라요."

카미유는 저도 모르게 큰 소리로 외쳤다. 카미유의 단호한 소리에 폴 뒤부아와 알프레드 부셰는 미소를 지으며 말했다.

"그렇군요. 그렇다면 사과하지요. 작품이 훌륭해서 하는 말이었으니 너무 마음에 두지 말아요."

폴 뒤부아는 부드러운 음성으로 카미유를 달랬다. 그의 어투는 부드러웠지만 어딘지 권위적이었다.

"아름다운 숙녀분께는 미안한 일이지만 입학은 어렵겠군요. 저희 에콜 데 보자르는 남자들에게 더 많은 기회를 주려고 합니다. 나역시 재능이 넘치는 숙녀분을 받지 못해 안타깝지만 새삼스럽게이 문제로 여러 사람의 심기를 불편하게 만들고 싶지 않군요. 어찌됐든 전통을 지켜야 하니까요."

그는 또다시 로댕의 경우를 들었다.

"잘 아시겠지만 로댕 역시 보자르 출신이 아닙니다. 어떻게 보면그가 이곳 출신이 아니기 때문에 그만큼 더 독창적일 수 있다고 생각합니다. 숙녀분의 실력이라면 우리 보자르가 아니고서도 어디든지 갈 수 있을 겁니다. 미안합니다."

폴 뒤부아는 매우 정중하게 말했다.

파리는 여전히 여자들에게 인색하고 까다로운 곳이었다. 자유로운 예술과 사상으로 넘쳐났지만 여전히 여자들은 관습에 갇혀 지내야만 했다. 더욱이 조각을 하는 일은 그 거친 작업의 속성상 남자들의 전유물처럼 여기며 여자들에게 순종과 정숙을 암암리에 요구했다.

카미유는 작품을 통해 그 낡은 전통을 마음껏 비웃어 주리라고다짐했다. 목까지 채운 단추를 몇 개 풀어 젖혔지만 답답함은 여전히 가시지 않았다. 카미유는 빨리 교장실을 벗어나고 싶어 〈다윗과골리앗〉을 챙기기 시작했다.

알프레드 부셰는 학교를 나서며 카미유에게 말했다.

"너무 상심하지 마라. 국립학교가 아니면 사립학교라도 소개해 줄 테니. 너의 실력이라면 사립학교는 문제가 되지 않아. 그리고 로댕을 한번 만나 보도록 해. 아까 폴 뒤부아도 이야기했지만 그의 작품과 너의 작품은 너무나 비슷해서 사람들이 오해할 만해."

마흔두 살의 로댕. 카미유는 가볍게 코웃음을 쳤다. 로댕은 늙었는데 왜 사람들이 그 사람과 자신의 작품을 자꾸만 비교하는지 이해할 수 없었다. 한 번도 만나 본 적이 없는 인물인데. 카미유는 싫다고 말했다.

운명적 만남

　그렇게 카미유는 한 작은 사립학교에 입학했다. 학교에서의 생활은 나름대로 재미있었다. 비록 에콜 데 보자르에는 가지 못했지만 그래도 같은 또래의 여자 친구들과 수다도 떨고, 조각에 대한 정보와 이야기도 나누는 학교 생활은 카미유를 보다 용감하게 만들었다. 카미유는 사람들의 눈치를 보지 않고 여성을 남성의 부속물이나 조력자로 여기는 사회의 낡은 관습을 과감히 비판하며, 예술을 대해서는 더 신중해졌다. 그리고 꼭 훌륭한 조각가가 되겠다는 각오도 날마다 새롭게 다졌다.

　그러던 어느 날이었다. 알프레드 부셰가 상기된 얼굴로 카미유를 찾아왔다. 돌을 다듬던 카미유는 정을 내려놓고 부셰를 맞았다.

카미유의 얼굴에 돌가루가 하얗게 앉아 있었다. 카미유는 손으로 쓱 얼굴을 닦았다. 건성 닦아 내는 그 손길에 오히려 얼룩은 얼굴 전체로 번져 그녀를 더 우스꽝스럽게 만들었다. 알프레드 부셰는 방금 전까지 카미유가 다듬던 돌을 바라보았다.

한 남자의 얼굴이었는데 언제나처럼 표정이 살아 있었다. 나중에 프랑스에서 시인이자 극작가로 활동하게 되는 동생 폴의 얼굴이었다. 윤곽이나 선과 면 모두 부드러우면서도 힘이 넘쳐났다. 카미유는 언제나 세부를 분석하는 능력이 뛰어났고, 그 덕분에 조각 속 인물의 표정이 섬세하게 드러났다.

"카미유, 또 폴이니? 너는 동생을 정말 사랑하는 모양이구나."

"완성이 되면 〈열여섯 살의 폴〉이라고 이름 붙일 거예요."

카미유는 방금까지 자신이 만지고 있던 돌의 머리를 쓰다듬으며 웃었다.

부셰는 더 지적할 것이 없었다. 나날이 카미유는 자신만의 기술을 터득해 나가고 있었고, 누구도 따라올 수 없는 작품 세계를 이뤄 나가고 있었다. 부셰는 그런 카미유가 대견스럽기만 했다.

"카미유, 넌 분명 크게 성공할 거야."

"그게 언제쯤일까요?"

"벌써 시작됐는걸?"

부셰는 카미유의 표정을 살피며 짐짓 과장되게 말했다.

"아녜요. 아직 멀었어요. 누가 카미유를 알아주겠어요. 나가 보세요. 다들 로댕, 로댕, 그의 이야기만 하고 있다고요."

"아니야, 카미유. 네 자신을 믿어."

"그래요. 저는 제 자신을 믿어요. 하지만 사람들이 과연 저를 알아줄까요? 아니 제가 아니라 제 작품을 말예요."

"그래서 지금 내가 온 거야."

부셰는 함박웃음을 지었다. 카미유는 그런 그의 태도를 의아한 얼굴로 바라보았다.

"카미유, 이제 너도 드디어 정식으로 조각가로 데뷔했단다."

이게 무슨 말일까. 카미유는 눈을 동그랗게 뜨고 부셰를 바라보았다. 부셰는 그런 카미유 앞에 신문 한 장을 내밀었다.

"이게 뭔지 아니?"

카미유보다 친구들이 먼저 궁금하다는 표정으로 모여들었다.

"신문이야, 신문. 여기에 네가 나왔더구나. 〈나이 든 엘렌〉 말이다. 그게 이 신문에 실렸어."

버지니아와 넬리, 그리고 제인은 일제히 환호성을 질렀다. 카미유는 부셰가 내민 신문을 낚아채듯 들고 자신의 기사가 실린 곳을 찾아 읽었다. 몇 번이고 읽었다. 신문은 카미유의 손에서 버지니아 손으로 넘어갔고, 버지니아의 손에서 이내 넬리의 손으로 넘어갔다. 제인도 제 눈으로 직접 확인해야 직성이 풀리겠다는 듯 넬리의

손에서 신문을 채갔다. 친구들은 소리 내어 몇 번이고 읽어 댔다. 카미유는 반복해서 들리는 그 기사가 번번이 처음 대하는 것마냥 기쁘기만 했다.

드디어 해냈다. 드디어 자신이 해낸 것이다. 카미유는 너무 좋아 비명이라도 지르고 싶었다. 거리로 뛰쳐나가 시골뜨기 카미유가 기어이 해냈다고 큰 소리로 떠들어 대고 싶었다. 곧장 집으로 달려가 어머니에게 이 사실을 알리고도 싶었다. 하지만 카미유는 이제 시작임을 알았다. 이제서야 조각가로서의 여정을 시작한 것이다. 땅. 출발 신호가 떨어지고 이제 자신은 멀고도 험한 레이스에 첫발을 내디딘 것이다.

아틀리에 깊숙이 들어온 햇빛도 카미유의 당선을 축하해 주는 듯 다른 날보다 더 밝게 부서졌다. 알프레드 부셰와 친구들은 〈나이 든 엘렌〉의 살롱 전시를 자신들의 일인 것처럼 진심으로 기뻐해 주었다.

"카미유, 그럴 줄 알았어. 축하해."

"지독하게 하더니 결국 해냈구나. 난 언제쯤이나 살롱에 내 이름으로 작품을 전시할 수 있을까."

친구들은 함께 작업하던 카미유가 살롱전에 입상했다는 사실만으로도 무척 고무되는 모양이었다. 언젠가는 자신들도 카미유처럼 되리라는 확신에 찬 표정들이 그 증거였다.

그러나 카미유는 두려웠다. 자신의 이름을 걸고 작품을 발표한다는 것은 그 자체로 커다란 책임이 따르기 때문이다. 사람들의 비판과 칭찬에 절대 가볍게 휩쓸려서는 안 된다는 사실을 알았고, 지금까지도 그래 왔지만 앞으로는 더욱 작품 하나하나에 정열과 힘을 쏟아야 한다는 사실도 알았다. 로댕마저 비판과 찬사가 언제나 함께 뒤따르지 않던가. 카미유는 깊고 무거운 한숨을 내쉬었다.

알프레드 부셰는 특히 〈나이 든 엘렌〉에 대해 칭찬을 아끼지 않았다. 그리고 이제 같은 동료로서 카미유를 격려해 주었다.

"카미유, 너는 잘할 수 있을 거야. 네 실력은 나날이 늘어 가고 있어. 놀랄 정도로 말이야. 아마도 너를 따라올 사람은 없을 거다. 한데 당분간 너의 발전된 작품을 보지 못해 아쉽게 됐구나."

알프레드 부셰는 이내 서운한 표정을 지었다.

"무슨 말씀이세요?"

버지니아가 눈을 동그랗게 뜨고 물었다. 그녀의 얼굴에서 방금 전의 들뜬 표정은 사라지고 없었다.

"이번에 로마 상을 수상하러 이탈리아로 가게 되었단다."

"정말이세요?"

다시 한 번 아틀리에에 환호성이 터졌다. 버지니아, 넬리, 제인, 이렇게 수다스러운 세 명의 처녀들은 자신들의 선생이 로마 상을 수상한다는 소리에 비명을 질러 대며 자리에서 팔짝팔짝 뛰었다.

하지만 카미유만은 달랐다. 그녀는 걱정스런 얼굴로 알프레드 부셰를 바라보았다.

"그럼 저는 어떻게 하지요?"

"너는 잘할 수 있을 거야."

알프레드 부셰가 상을 받는 일은 축하해 줄 일이었지만 이를 계기로 그를 보지 못한다는 사실은 아쉬웠다.

"이탈리아래, 로마. 선생님께서 로마에 가신대."

여전히 수다쟁이 친구들은 입을 다물 줄 몰랐다.

카미유는 앞으로 어떻게 공부를 해야 할지 알 수 없었다. 자신의 소질을 발견하고 여기까지 이끌어 준 사람이 바로 알프레드 부셰가 아니던가. 게다가 자신이 조각을 할 수 있도록 부모님을 설득해 파리의 학교까지 보내 준 이도 바로 알프레드 부셰였다. 한데 자신의 곁을 떠나다니.

"선생님, 언제 돌아오세요? 제가 선생님 없이도 잘할 수 있을까요?"

"그럼. 잘할 수 있고말고. 걱정하지 마라. 너의 소질을 보다 더 정교하게 다듬어 줄 선생님을 소개할 테니까. 그리고 네가 그토록 좋아하는 미켈란젤로의 그림들도 구해서 보내 주마."

카미유는 궁금했다. 다른 선생님을 소개시켜 준다니.

"나랑 잠시 다녀올 데가 있구나. 카미유, 나를 따라오렴."

부셰는 부드러운 미소를 지으며 말했다.

카미유는 절룩거리며 부셰를 따라갔다. 마음이 바빠서였을까, 그날따라 다리가 유난히 더 절룩였다.

그러고 보니 두르고 있던 앞치마만 벗어던진 채 옷도 제대로 갈아입지 못했다. 카미유는 걸음을 멈추고 돌가루 얼룩이 져 있는 치마를 털었다. 알프레드 부셰는 잠깐 걸음을 멈춘 채 웃으면서 그런 카미유를 기다려 주었다.

사람들이 부셰에게 인사를 건넸다. 남자들은 모자를 가볍게 벗어 든 채 인사를 했고, 여자들은 살짝 목례를 건네 왔다. 부셰는 얼굴에 점잖으면서도 가벼운 미소를 띤 채 그들과 인사를 나누었다. 카미유는 사람들로부터 존경을 받는 그가 부러웠다. 하지만 그녀는 사람들로부터 존경이나 인정을 받기 위해 조각을 하는 것은 아니었다. 무언가 자신의 내부에서, 자신도 억제할 수 없는 감흥에 의해 흙을 다듬고 돌을 쪼아 내는 것이다. 그럴 때면 카미유는 자기 자신도 잊고 작업에 몰두했다.

부셰가 들어간 곳은 어느 아틀리에였다. 카미유는 그곳이 어디인지 너무나 잘 알고 있었다. 아니, 파리에 사는 사람들이라면 모두 거기가 어떤 곳인지 알고 있었다. 이름만 들어도 설레는 사람, 오귀스트 로댕이 있는 곳이었다.

"설마?"

"그래, 카미유, 너에게 로댕을 소개해 준다고 했었지?"

의혹의 눈으로 자신을 바라보는 카미유를 향해 부셰는 웃음을 띠며 반문했다.

"내가 없는 동안 로댕이 너를 지도해 줄 거다."

"오!"

카미유는 낮게 탄식을 내질렀다. 로댕이라니. 가슴이 마구 뛰었다. 카미유는 그가 궁금했다. 어떻게 생겼는지, 작품들은 어떤지, 빨리 확인해 보고 싶어 도무지 뛰는 가슴을 진정할 수가 없었다. 부셰의 뒤를 따라 쭈뼛대며 아틀리에 안으로 들어서자 실내는 어수선하기 짝이 없었다. 로댕의 제작 조수들은 여기저기 주문받은 작품들을 제작하느라 잠시도 쉴 틈이 없었고, 한쪽에는 질 좋은 고급 대리석들이 무더기로 쌓여 있었다. 카미유는 그 대리석을 보는 것만으로도 너무 좋았다. 그녀의 형편으로는 어림도 없는 재료였던 것이다. 카미유의 시선은 오랫동안 대리석에 머물다 떠났지만 어디에서도 로댕의 작품은 볼 수 없었다. 다른 미완성 작품들만 눈에 들어왔을 뿐, 완성품은 보이지 않았다. 카미유는 실망했다.

얼마 후 키가 작고 다부진 체격의 남자가 들어왔다. 아무도 말해 주지 않았지만 카미유는 한눈에 그가 로댕임을 알 수 있었다. 얼굴의 절반 이상을 수염이 덮고 있는 중년의 털북숭이 남자.

알프레드 부셰와 로댕은 반갑게 인사를 나눈 뒤 서로의 안부를 주고받았다. 로댕은 부셰의 로마 상 수상을 축하해 줬다. 그 옆에서 카미유는 큰 눈망울을 굴리며 둘의 임의로운 대화를 지켜보고 있었다. 그러다 자연스럽게 로댕의 시선이 카미유에게 옮겨 왔다. 그러자 부셰가 카미유를 그에게 소개시켰다.

"인사드려라. 로댕 선생님이시다."

"오귀스트 로댕이라고 합니다."

로댕이 먼저 정중하게 카미유에게 인사를 청했다. 그런 로댕에

게 카미유는 수줍게 인사를 했다.

"카미유라고 합니다."

"오, 카미유 양. 참 아름다운 숙녀분이십니다."

오귀스트 로댕의 말에 카미유는 살짝 얼굴을 붉혔다.

"일전에 말씀드린 숙녀분이 바로 이 아가씨입니다."

알프레드 부셰가 로댕에게 말했다.

"호오, 천재적인 재능을 갖고 계시다는 숙녀분 말입니까?"

"그렇습니다."

"언제 한번 숙녀분의 작품을 보고 싶군요."

오귀스트 로댕의 눈빛이 호기심으로 커졌다.

"가져오기가 쉽지 않아 빈손으로 왔습니다만, 언제든지 작업실에 들러 조언을 해 주시지요."

이번에도 말한 사람은 카미유가 아니라 부셰였다.

"저도 궁금합니다. 그러니 나중을 기다릴 것이 아니라 기왕 이렇게 오신 김에 숙녀분의 작업실에 들러 작품들을 구경하고 싶습니다. 더구나 부셰 선생님께서 숙녀분의 작품이 저와 매우 비슷하다고 말씀하시니, 더 빨리 보고 싶군요."

카미유는 그 말에 얼굴이 굳어졌다.

"보시면 놀랄 겁니다."

알프레드 부셰의 말에 힘이 들어가 있었다. 하지만 카미유는 로댕에게 자신의 작품을 보여 주고 싶지 않았다. 아니, 로댕에게 자신의 실력을 인정받고는 싶었지만 그의 작품과 비교되는 것은 달갑지 않았다. 사람들은 언제나 로댕의 작품과 자신의 작품을 연결지어 말했기 때문이었다. 카미유는 이 두 가지 감정 때문에 잠시 망설였다.

그러나 부셰와 로댕은 이미 나갈 채비를 마치고 카미유가 앞장서기만을 기다리고 있었다. 하는 수 없이 카미유는 자신의 작업실로 향했다.

이때 카미유의 나이는 열아홉 살이었고, 로댕은 마흔셋이었다.

로댕

카미유는 연방 로댕의 표정을 살폈다. 작업실을 찾은 로댕은 몇 분째 아무 말도 없이 카미유의 작품들을 돌아보고 있었다. 수다쟁이 친구들은 로댕이 자신들의 작업실을 찾은 것에 대해 무척이나 흥분해 있었다. 친구들은 로댕과 눈을 마주치려고 서로 밀쳐 내며 로댕의 앞에서 얼찐거렸다. 넬리는 버지니아를 어깨로 밀치고 로댕 앞에 섰고, 제인은 그런 넬리를 슬쩍 손으로 밀쳐 내며 로댕 앞에 쭈뼛거렸다. 그때마다 로댕은 사람 좋은 얼굴로 웃어 보였다.

로댕은 카미유의 작품을 보고 아무런 말도 하지 않았다. 카미유는 그런 로댕의 태도가 마음에 걸렸다. 카미유의 작품들 중에는 골격만 잡아 놓은 것도 있었고, 또 어떤 것은 세부가 완성되지 않은 것도 있었다. 로댕은 흙이 마르지 않도록 덮어 둔 천을 거둬 내며 아직 미완성의 작품들까지 유심히 바라보았다. 그의 침묵이 길어질수록 카미유는 초조했다. 왜 아무 말이 없을까. 실망했을까. 그러지 않고서야 말이 없을 까닭이 없다. 숱한 생각들이 그녀를 초조하게 만들었다.

친구들은 로댕이 자신들의 작품도 보아 주길 원했다. 어수선하게 흩어진 작품들 사이를 벌써 몇 차례나 돌아보면서도 로댕은 아무 말도 하지 않았다. 그 옆에서 알프레드 부셰는 로댕의 감상을 방해하지 않으려는 듯 말도 건네지 않았고, 친구들은 서로 바라보며 소리 죽여 웃거나 로댕을 자신들의 작품 앞으로 끌어갔다. 다만 카미유만이 안절부절못한 채 서 있었다.

카미유는 로댕의 시선이 〈다윗과 골리앗〉에 오랫동안 머물러 있는 것을 보았다.

"정말, 여기에 있는 것들이 숙녀분의 작품들입니까?"

이윽고 로댕이 입을 뗐다. 그의 물음에 카미유의 눈이 반짝 빛났다.

"어떻습니까? 선생하고 많이 닮았다는 생각이 들지 않습니까? 나는 늘 카미유의 작품을 볼 때마다 로댕 선생의 작품을 대하고 있는 착각이 들던데, 본인 생각은요?"

알프레드 부셰는 사뭇 궁금하다는 표정으로 로댕의 얼굴을 살폈다.

"그렇군요. 선생님의 칭찬이 결코 빈말이 아니었음을 알겠습니

다. 카미유 양은 천재적인 재능을 가지고 있군요. 하나하나 작품 속의 표현들이 정말 대상을 살아 있게 만드는군요. 사물을 포착해 작품으로 표현해 내는 능력이 예사롭지 않아요. 왜 이제까지 제가 카미유 양을 몰랐는지 그게 의문이군요."

로댕의 말에서 진심이 느껴졌다. 카미유에게 그것은 최고의 찬사였다. 로댕의 말은 곧 버지니아나 넬리, 제인이 청춘의 연애에 한탄하고 가슴 아파할 때, 오로지 조각에만 몰두해 있던 지난 시간의 보상 같았다.

"어떻습니까? 제가 없는 동안 이 숙녀분을 지도해 주시겠지요?"

로댕의 칭찬에 부셰는 만족한 표정을 지으며 물었다.

"오히려 제가 영광입니다."

"들었지, 카미유? 그리고 여러 친구들? 로댕이 여러분들을 지도해 주겠다고 한 말을 말이야."

"그럼요. 듣고말고요."

친구들은 너무 기쁜 나머지 비명을 지르듯 합창했다. 로댕은 부셰가 이탈리아에 가 있는 동안 틈틈이 카미유의 작업실에 들러 네 아가씨들을 지도해 주기로 약속했다. 당대 최고라고 인정받는 작가에게 직접 지도받는 일은 카미유에게는 큰 행운이자 가슴 벅찬 일이었다.

"로댕 선생님이 가르쳐 준다고 하니까 너무 좋아하는군요. 제가 다 서운해지려고 합니다."

부셰가 장난처럼 말하자 친구들은 호들갑스럽게 그의 로마 상 수상을 또다시 축하했다.

"카미유, 정말 대단해. 로댕 선생님마저도 네 작품을 칭찬하다니. 네가 부러워."

친구들은 로댕에게서 칭찬을 받은 카미유를 부러워했다. 하지만 카미유는 결코 자만하거나 만족해하지 않았다. 오히려 로댕의 칭찬은 큰 부담으로 어깨에 얹혀졌다. 앞으로도 사람들을 실망시키지 않는 작품을 만들어야 한다는 욕심이 새록새록 싹텄다.

카미유는 밤에 잠을 이룰 수 없었다. 자꾸만 로댕의 칭찬이 머릿속에서 재생되었기 때문이었다. 어딘지 고집스러워 보이면서도 선이 곧은 그의 얼굴도 생각났고, 어수선하던 작업실 풍경도 떠올랐다. 몸을 뒤척여 보았지만 끝내 잠은 오지 않아 뒤척이는 소리에 루이즈가 짜증을 부렸다. 카미유는 루이즈의 잠을 방해하지 않으려고 침대에서 일어나 밖으로 나왔다.

달빛이 참으로 맑았다. 교교한 달빛을 바라보는 동안에도 이상하게 마음속에 원인을 알 수 없는 이상한 파문이 일었다. 설렘 같기도 하고 조바심 같기도 한, 요의를 동반한 수상쩍은 감정은 기어이 카미유의 잠을 쫓아냈다. 잠이 달아난 머릿속을 로댕의 작품과, 그의 음성, 그의 부드러운 미소가 채웠다.

열아홉 순정한 처녀가 마흔세 살의 로댕을 생각하는 것은 거장에 대한 존경심이거나 거기에서 파생된 흠모일 뿐이리라. 단지 그것뿐이라고, 카미유는 애써 자신의 수상한 마음을 다독였다.

발아래 밟히는 부드러운 땅의 촉감은 몇 해 전 노장에서 살던 때를 떠올리게 했다. 요즘 들어 자꾸 노장의 집 뒤 숲속에서 흙을 가지고 놀던 때가 생각났다. 그때는 조각의 기본적인 방법은 물론 조각의 본질도 몰랐다. 다만 무언가에 끌려 흙을 만졌을 뿐이었다. 마치 자신 안에 또 다른 누군가가 살아 움직이는 듯했고, 그 흙 인형들은 자신이 아니라 자신의 내부에 살아 있는 누군가가 빚은 것이었다.

하지만 이제 카미유는 흙의 성질을 깨우치고, 돌을 어떻게 다루어야 하며, 선을 어떤 식으로 잡아 나가야 하는지 알게 되었다. 알면 알수록 더 어렵고 힘든 것이 조각이었다.

로댕이 카미유의 작품을 극찬했다는 소문은 빠르게 퍼져 나갔다. 클로델 부인은 로댕이 카미유의 작품을 칭찬했다는 소리에도 냉담한 표정을 지었다. 만약 누군가 루이즈의 피아노 치는 실력을 칭찬했더라면 어머니는 무척 기뻐했으리라. 루이즈 역시 어머니 곁에서 질투가 섞인 시선으로 로댕의 칭찬을 깎아내렸다. 폴만이 진심으로 축하해 주었다.

"그럴 줄 알았어. 누나의 작품은 최고야."

"고마워 폴."

"남자들만이 할 수 있는 그런 거친 작업을 좋아하다니. 난 너라는 아이를 도무지 이해할 수가 없다. 동생 루이즈를 보아라. 얘가 피아노를 얼마나 잘 치는지 아니? 여자애라면 동생처럼 다소곳해야지 않겠니?"

클로델 부인은 언제나처럼 카미유를 루이즈와 비교했다. 하지만 어머니의 그런 태도는 이미 오래전부터 카미유에게 상처가 되지 않았다. 이미 내성이 생긴 탓도 있었지만 무엇보다 조각에 대한 열망이 컸기 때문에 그냥 흘려들을 수 있었던 것이다.

뜨거운 가슴

로댕은 조각에 대해 보다 근본적인 것을 카미유에게 깨우쳐 주었다. 흙을 매만지고 형태를 만들 때 그는 카미유의 곁에서 친절하고 자상하게 형태를 고쳐 주고, 주의를 주었다. 그리고 로댕은 형태는 깊이로 보고, 중심이 되는 면을 분명하게 나타내고, 형태와 교감하며 조금씩 조금씩 만들어 나가야 한다고 카미유에게 요구했다. 그리고 모든 생명은 중심에서 나와야 하므로, 안에서 밖으로 퍼져 나갈 것을 명심하라고 일렀다. 뿐만 아니라 소묘를 할 때는 윤곽선에 치중하기보다 나중에 돋을새김했을 때를 생각하라고 말했다. 또 사물을 보며 감동하고, 모든 것을 사랑할 줄 알며, 소망하고, 걱정하며 살아가라고 충고했다. 무엇보다 중요한 것은 예술가가 되기 전에 먼저 뜨거운 가슴을 가져야 한다는 것이었다.

　로댕의 가르침은 카미유에게 새로이 눈을 뜨게 만들었다. 카미유는 그의 말을 새겨들었다. 로댕은 카미유의 마음속에 깊이 침잠해 있던 열정을 일깨워 놓았다. 뜨거운 가슴…… 그 말은 카미유를 해방시켰다.

스캔들

시간이 지날수록 카미유와 로댕은 서로에게 의지하게 되었다. 로댕은 카미유에게 자신의 작품을 비평해 달라고 부탁했고, 카미유는 자신이 느끼는 바를 정직하게 이야기해 주었다. 때로는 가혹하게, 때로는 감탄에 찬 음성으로 로댕의 작품을 평가했다. 로댕 역시 카미유의 작품에서 많은 영감을 얻었다. 그녀의 작품을 통해 새로운 주제를 이끌어내고, 이를 자기 작품에 적용함으로써 로댕은 자신의 입지를 더욱 굳혀 나갔다. 사람들은 이전에도 그랬지만 점점 더 로댕과 카미유의 작품에서 차이를 발견할 수 없게 되었다.

카미유는 점점 로댕에게 매료되어 갔다. 작품을 하는 동료로서, 스승으로서, 그리고 남자로서 카미유는 로댕에게 빠져들었다. 하지만 로댕의 주변에는 늘 여자들이 많았다. 그의 아틀리에를 드나드는 모델들은 물론이고, 사교계의 여자들도 로댕과의 친분을 과시했다. 그녀들은 예술계의 거장으로 통하는 로댕과 가까워지기를 원했다.

"로즈 뵈레? 그 여자가 불쌍하지."

카미유의 아틀리에를 찾은 한 모델이 로댕을 눈으로 쫓으며 입을 삐죽였다. 카미유는 그녀의 질투에 찬 시선을 놓치지 않았다. 상체를 다 드러낸 반라의 차림으로 한쪽 팔을 들어 다른 쪽 어깨에 얹어 놓고 있는 여자는 특히나 로댕을 좋아했다.

로즈 뵈레는 로댕이 젊었을 적부터 그의 곁을 지키고 있던 여자였다. 두 사람 사이에는 아들까지 있었지만 로댕은 그녀와 결혼하지 않았고, 아들 역시 로즈 뵈레의 성을 따랐다.

"왜 로댕은 지금까지 그녀를 버리지 않는 걸까? 그 촌스럽고 볼품없는 여자를 말이야. 나처럼 육감적인 몸매를 지니고 있다면 또 몰라."

그녀의 시선은 연신 로댕을 쫓았다. 카미유는 로댕에게만 주의를 기울이는 모델이 마음에 들지 않았다.

"가만히 있어요. 자꾸만 시선이 바뀌니까 표정을 잡기가 어렵잖아요."

카미유의 어투가 여느 때 같지 않게 차가웠다. 버지니아가 그런 카미유를 흘긋 바라보았다.

"세탁부 로즈 뵈레. 그 꼴을 좀 봐. 냄새가 날까봐 옆에도 못 가겠더군."

모델은 카미유의 말에 아랑곳하지 않고 연신 눈으로 로댕을 쫓았다.

"자신의 아들을 낳아 주었지만 로댕이 그녀에게 한 푼도 가져다 주지 않는대. 로즈 뵈레 홀로 세탁 일을 하고 옷을 만들어 아들을 혼자 키운대."

"그래도 로댕에게는 매우 헌신적인가 봐. 행여나 로댕이 자기 곁을 떠나 버릴까 봐 전전긍긍하며 그의 곁을 맴돌고 있다던데?"

이번에는 친구들까지 덩달아 로즈 뵈레의 이야기를 시작했다. 물론 로댕의 귀에 들리지 않게 작은 소리로 주고받았다. 카미유는 더 이상 참을 수 없었다. 그녀는 스케치하고 있던 종이를 박박 찢어 버리며 모델을 향해 소리쳤다.

"썩 꺼져. 이 망할 여자 같으니라고. 그런 자세로 어떻게 모델을 하겠다고 그래? 당장 꺼져 버려."

갑작스러운 불뚝성에 친구들은 놀란 눈으로 그녀를 바라보았다.

"흥, 카미유, 당신도 로댕을 좋아하지? 왜? 로즈 뵈레에게 질투를 느끼시나?"

모델도 지지 않고 카미유를 바라보며 빈정거리듯 이야기했다.

"당장 나가, 이 여자야. 두 번 다시 내 앞에 나타나지 마."

"그렇지 않아도 카미유, 앞으로 당신한테 모델 안 서."

모델은 천천히 옷을 주워 입고는 쾅 소리 나게 문을 닫고 나가 버렸다. 그 소리에 다들 놀라 모델이 사라진 문과 서로의 얼굴을 번 갈아가며 바라보았다. 로댕 역시 곤혹스러운 표정으로 어쩔 줄 몰라하며 가만히 서 있었다. 카미유는 거칠게 앞치마를 벗어 내던지고 밖으로 뛰쳐나갔다. 어느 틈에 그녀의 마음속에는 로댕이 들어와 있었다. 로댕을 아무에게도 빼앗기고 싶지 않았다. 한데 로즈 뵈레라니. 카미유는 마음속에 끓어오르는 분노를 삭이기 위해 무작정 파리 거리를 걸었다.

당시 스캔들을 일으킨다는 것은 여자로서는 큰 상처를 입는 것과 마찬가지였다. 더욱이 스승과의 염문은 안 될 말이었다. 고루한 사회적 관습과 전통이 마음에 들지 않았지만 어쩔 수 없었다. 낡은 관습과 전통을 깨기 위해 스스로 투사가 되는 일은 더 위험하다는 사실을 카미유는 잘 알았다. 하지만 어쩌겠는가. 이제는 그 상처를 감수하는 일밖에 없었다.

카미유는 숨도 제대로 쉴 수 없었다. 언제부턴가 자신을 바라보는 친구들의 눈빛도 이전 같지가 않았다. 작품을 하다가도 저희들끼리 수군거렸고, 알게 모르게 카미유를 따돌렸다. 가끔씩 자신을 향해 입을 삐죽이는 모습도 볼 수 있었다. 버지니아와 넬리, 제인은 카미유와 로댕의 특별한 교감을 질투하고 있었던 것이다. 친구들은 아틀리에로 찾아와 작품을 지도하는 로댕의 시선이 작품이 아닌, 카미유에게 오랫동안 머물다 사라지는 것을 보았다.

그래서인지 카미유 역시 더 아름다워진 것도 같았다. 그럴수록 카미유는 작품에 더 열중했다. 모든 것은 말이 아닌 작품이 말해 주는 것이다. 친구들이 작품보다 아당 부인의 저녁 모임에 몰려가 수다를 떨 때도 카미유는 혼자 아틀리에에 남아 작품을 손보았다. 차라리 혼자 있는 시간이 더 편하게 느껴졌다. 아무에게도 방해받지 않고 오롯이 머릿속에 들어 있는 형태를 따라 손을 움직이고 흙을 매만지는 시간이 카미유는 좋았다.

그러던 어느 날이었다. 로댕의 아틀리에에 또 다른 카미유가 있다는 소리가 들려왔다. 그 이야기는 모델들을 통해 흘러나왔다. 카미유의 아틀리에를 찾은 모델 가운데 한 명이 로댕의 작업실에 있는 흉상과 카미유가 똑같다고 떠벌린 것이다.

"머리에 수건을 두르고 시선은 아래로 향한 채 생각에 잠겨 있는 젊은 여자는 분명 당신이었어요. 카미유 클로델, 당신 말예요. 어디 그뿐인 줄 아세요. 로댕이 해 놓은 스케치에도 당신이 있어요."

카미유는 그 말에 얼굴을 붉혔다. 친구들은 질투 섞인 음성으로 카미유에게 한마디씩 했다.

"그래, 언제나 로댕의 시선은 카미유에게 가 있었지. 그럴 거야."

"맞아. 로댕은 우리들에게는 관심이 없어. 언제나 카미유 주변을 맴돌 뿐이지."

"하지만 로댕은 로즈 뵈레를 떠날 수 없을걸? 떠나려 했다면 진작에 떠났겠지."

"카미유가 상처받을 거야. 불쌍한 카미유."

한껏 소리를 낮춰 속삭였지만 친구들의 대화는 어김없이 카미유의 귀에도 들려왔다. 그녀들은 자신들이 하는 말을 카미유가 하나도 놓치지 않고 듣고 있다는 사실을 몰랐다. 그녀들은 카미유가 듣지 못하도록 소리를 죽여 이야기한다고 했지만 작업실은 쿵쿵 울렸고, 낮은 소리조차도 공명돼 카미유의 귀에 고스란히 들어왔다. 하지만 카미유는 그녀들이 믿고 있는 것처럼 행동했다. 하나도 들리지 않는 듯이.

카미유는 로댕이 만들었다는 자기 모습을 보고 싶었다. 그의 손끝에서 자신은 어떤 모습으로 태어났을까. 무작정 거리를 걷던 카미유에게 비로소 목적지가 생겼다. 바로 로댕의 아틀리에였다.

멀리 그의 아틀리에가 보였다. '로댕 있음'이라는 팻말이 걸려 있는 걸로 보아 그는 어느새 돌아온 모양이었다. 로댕은 자신을 찾아올 주문자와 손님들을 위해 언제나 팻말을 걸어 놓고 있었는데, 외출할 때는 '로댕 없음'이라는 팻말로 바꾸어 놓았다.

문득 카미유는 걸음을 멈추었다. 그의 아틀리에에 들어갈 용기
가 없었다. 그는 분명 여기까지 찾아온 카미유의 경솔한 행동을 나
무랄 것이다. 카미유는 온몸에서 힘이 빠져 달아나는 것을 느꼈다.

카미유는 한참이나 그곳에서 서성거리다가 다시 자신의 아틀리
에로 돌아왔다. 친구들은 조심스럽게 그녀의 눈치를 살폈다.

"화났니?"

카미유는 버지니아의 물음에 아무런 대답도 하지 않았다.

"아까 그 모델의 말이 틀린 것도 아닌데, 뭘."

빈정거리는 투로 말하는 사람은 제인이었다. 카미유는 싸울 듯
한 기세로 제인을 노려보았다.

"허튼소리 하지 마. 한 번만 더 하면 그땐 용서하지 않을 거야."

"아니야. 무언가 있어. 카미유 너와 로댕 사이에 말이야. 내 말을
허튼소리라고 몰아붙이지 마."

제인도 지지 않고 대꾸했다. 카미유는 참을 수 없었다. 손에 잡히
는 대로 제인을 향해 던졌다. 흙덩이들, 작은 돌멩이, 심지어는 스
케치해 놓은 종이들까지. 넬리와 버지니아가 달려와서 카미유를
말렸지만 그녀는 멈추지 않았다.

얼마나 지났을까, 소란스러움이 잦아들자 아틀리에에는 이상한
정적만 남아 있었다. 친구들은 카미유를 이해할 수 없었다. 아니 친
구들만 카미유를 이해할 수 없는 것이 아니었다. 카미유 자신도 스

스로를 이해할 수 없었다.

그랬다. 카미유는 처음에는 로댕의 천재성과 예술성에 끌렸지만 시간이 지날수록 차츰 로댕을 스승으로서가 아니라 한 남자로 보기 시작했다. 형태를 다듬다가도, 흙덩이를 붙이다가도 그녀는 낮게 한숨을 내쉬었다. 커다란 눈망울의 카미유는 사랑의 열정에 빠져 버린 것이다.

"카미유, 너는 너에 대한 소문을 들었니?"

어느 날 클로델 부인은 집으로 들어오는 카미유에게 화가 난 얼굴로 차갑게 물었다.

"무슨 말씀이세요?"

"내가 묻고 있잖니?"

"어머니께서 무슨 말씀을 하고 계신지 모르겠어요."

"정말, 사람들이 수군거리는 소리를 모른단 말이냐?"

카미유는 어머니가 왜 그렇게 화가 나 있는지 짐작할 수 있었다.

"로댕과 네가 연인 관계라고 하더구나. 맞니?"

"오, 어머니, 그렇지 않아요."

카미유는 아니라고 부정했다.

"그럼, 그 말들이 모두 헛소문이라는 거냐?"

"그래요, 어머니. 사람들 말에 신경 쓰지 마세요."

카미유의 음성은 어느 때보다도 격앙돼 있었다.

"네가 어떻게 처신했기에 그런 소리들이 나도는 거냐? 내 이럴 줄 알았다. 여자가 조각을 하겠다는 그 순간부터 나는 이런 일이 생길 줄 알았단 말이다. 네 부도덕한 처신 때문에 루이즈의 혼사가 막힐까 무섭구나. 네가 동생의 앞길을 망치고 있어."

"아니에요. 정말이에요. 로댕과 저는 아무 사이도 아니에요. 그에게는 여자가 있는걸요. 로즈 뵈레라고. 아들도 있어요. 사람들도 그 여자가 로댕의 여자라는 사실을 다 알아요. 한데 어떻게 제가 로댕하고 그러겠어요."

"아니라니까 다행이야. 사실 말은 안 했지만 나도 속으로 누나를 걱정했어."

곁에서 폴이 환해진 표정으로 두 사람의 언쟁에 끼어들었다. 폴의 말에 클로델 부인은 더 이상 카미유를 나무라지 않았다.

"누나, 누나는 꼭 훌륭한 조각가가 돼야 한다는 사실을 잊지 마."

폴이 약속을 하라는 표정으로 카미유를 바라보았다. 카미유는 그런 폴에게 힘없는 웃음을 지어 보였다.

카미유는 자신의 방으로 돌아왔지만 왠지 마음 한 구석이 석연치 않았다. 로댕과 자신은 사람들의 의혹처럼 연인 관계가 아니었지만 자꾸만 로댕의 시선이 머릿속에서 떠나지 않았다. 작업을 하다 말고 문득 돌아보면 로댕의 시선이 자신에게 머물러 있는데, 그

때마다 카미유는 온몸이 굳어지는 듯했다. 이 감정은 도대체 뭘까? 그와는 스물네 살이나 차이가 나는데. 도저히 설명될 수 없는 감정이었다.

카미유는 마음이 아팠다. 친한 친구들에게조차 마음을 열어 놓고 이야기할 수 없었다. 작품을 생각해야 하는데, 머릿속에는 온통 로댕뿐이었다.

4장

자신만의 예술 세계

시련

카미유는 위니베르시테 가에 위치한 로댕의 아틀리에에서 로댕의 제작 조수로 일하게 되었다. 이 소식은 금세 파리 시내로 퍼져 나갔다. 로댕의 작업실에 젊은 여성 조각가가 일하게 된 것은 일대 사건이 아닐 수 없었다. 여자 조각가가 많지 않던 시절에, 그것도 사회가 여자들에게 관대하지 않던 시절에 로댕의 조수로 일한다는 것은 보통일이 아니었다. 더욱이 로댕의 제작 조수는 젊은 남자 조각가들에게도 부러운 자리였다. 사람들은 여전히 의혹 어린 시선으로 두 사람을 바라보았다. 어떤 사람은 카미유를 진심으로 격려해 주었고, 어떤 사람은 질투했다.

"흥, 로댕이 예뻐서 들어갔겠지. 그 여자의 눈을 보라고. 그 눈에 반하지 않을 사람이 어디 있겠어? 로댕도 틀림없이 그 눈에 빠져든 거야."

"아냐. 카미유의 작품을 봐야 해. 그 〈나이 든 엘렌〉을 보라고. 그녀는 실력으로 뽑힌 거야. 나는 그녀의 작품에 반했어."

"그것도 로댕이 손을 봐 주었겠지. 로댕의 작품과 그 여자의 작품을 비교해 보면 알 수 있어. 똑같지 않아? 로댕이 도와주지 않고서야 어떻게 그렇겠어?"

"아니야. 나는 그녀가 작업하는 모습을 직접 보기도 했어. 카미유는 누구보다도 이지적이고, 실력이 있어. 그렇게 생각하는 건 그녀가 여자니까 인정하고 싶지 않아서일 뿐이야."

사람들은 카미유와 로댕을 두고 격렬한 논쟁을 벌이기까지 했다. 카미유는 회자되는 이 같은 이야기에 신경 쓰지 않고 그저 묵묵히 제 일을 할 뿐이었다. 당시 로댕은 밀려드는 주문을 감당하기 위해 두 곳의 아틀리에를 운영하고 있었다. 그중에서 특히 5번문이라고 일컫는 작업실은 사람들 사이에서 아주 유명했다. 카미유는 그 5번문의 아틀리에에서 일을 했다.

로댕의 작업실에서는 장식 미술관을 위한 〈지옥의 문〉을 제작하고 있었다. 그 작업실에는 뛰어난 조수들이 모여 있었다. 당대의 가장 뛰어난 조각가인 퐁퐁과 마욜, 부르델과 데스피오, 알루, 드장, 그리고 충실하고 헌신적으로 로댕을 도운 뤼시앵 슈네그가 함께 로댕이 주문받은 〈지옥의 문〉을 만들었다.

여자 조수는 카미유뿐이었다. 아틀리에 안에 여자가 있긴 했지만 조각가는 아니었다. 모델이었다. 카미유는 그 모델과 눈빛도 마주치지 않았다. 모델 역시 카미유에게 눈길도 주지 않았다. 같은 여성이면서도 둘은 서로에게 냉담했다. 카미유는 묵묵히 점토를 반죽하고 형태대로 손과 발을 만들었다. 카미유는 특히 손과 발을 빚는 데 있어서 누구도 따라올 수 없는 탁월한 능력을 가지고 있었다. 여성으로서 지닌 섬세한 표현력과 감성은 손에서 유감없이 발휘되었다.

그랬다. 카미유가 빚은 손은 마치 살아 있는 사람의 손에 반죽을 부어 형태를 뜬 것처럼 너무나 사실적이었다. 불거진 핏줄에서는 뜨거운 피가 흐르고 있는 듯하고, 유연한 근육의 형태는 보는 이들로 하여금 감탄사를 내지르게 만들었다. 로댕은 손이 인물의 성격과 개성과 감정을 드러낸다고 말했다. 그러니 손은 그 자체만으로도 한 사람의 전부를 보여 주는 것이라고 말이다.

카미유는 그래서 손을 빚는 데 정성을 다했다.

가끔씩 로댕의 모델들이 카미유를 향해 시비를 걸어왔다.

"흥. 언젠가는 너도 로댕에게서 버림받을걸."

카미유는 물어뜯을 것처럼 험한 표정으로 모델을 노려보다가도 이내 시선을 돌려 버렸다. 카미유는 그녀의 심정을 이해할 수 있을 것도 같았다. 같은 여자이면서도 위치가 다른 것이다. 예술가를 위해 오랫동안 정지된 포즈로 있는다는 것은 결코 쉬운 일이 아니며, 어떤 때는 뜻하지 않은 수모도 겪는다. 로댕은 보다 사실적인 형상을 얻기 위해 끊임없이 스케치하고, 수정했다. 그는 모델이 없으면 작업을 하지 않았다. 사실적인 표현을 위해 로댕에게는 꼭 모델이 있어야만 했다. 카미유는 간혹 텅 빈 작업실에서 로댕의 모델을 서야 할 때도 있었다. 그토록 카미유가 부정했지만 어느새 두 사람은 연인 사이가 돼 있었다.

쾅쾅. 콩콩. 작업실의 분위기는 꼭 채석장 같았다. 여기저기 커다란 돌덩이가 놓여 있고, 몇몇의 남자 동료들은 돌덩이에 매달려 망치로 정을 내리치고 있었다. 사다리 위에서 망치를 내려칠 때마다 그들의 팔뚝에서는 핏줄이 불끈불끈 일어서고, 근육이 뭉쳐졌다 풀렸다. 작업실 바닥은 그들이 쪼개어 놓은 돌조각들이 어수선하게 굴러다니고, 가루들이 먼지처럼 날아다녔다. 거친 남자 동료들 틈에서 일하면서 카미유는 말수가 줄어들었다. 동료들은 힘이 들 때마다 질펀한 농담과 휴식으로 피로를 풀었지만 카미유는 그들 속에 섞일 수 없었다.

〈지옥의 문〉은 점차 형상을 갖춰 가고 있었다. 하루하루 〈지옥의 문〉이 완성되어 갈 때마다 로댕에 대한 카미유의 사랑도 깊어만 갔다. 〈지옥의 문〉에 등장하는 몇몇 여인들의 모델은 카미유였고, 카미유는 그녀들의 손과 발을 만들기도 했다.

로댕의 일을 도우면서도 틈틈이 카미유는 자신의 작품을 만들었다. 두 사람의 작품들은 너무 흡사해, 사람들은 어느 것이 카미유의 것이고, 어느 것이 로댕의 것인지 구별을 할 수 없었다. 비평가들 또한 카미유의 작품을 로댕의 것으로 혼동했고, 로댕의 작품 역시 카미유의 작품일 거라고 예단했다. 그들은 젊은 여성이 그토록 훌륭한 작품을 빚었을 거라고는 생각하지 않은 채 고집스럽게 로댕의 작품으로 여겼다.

일주일에 한 번씩 집에 오는 아버지, 루이 프로스페는 카미유가 로댕의 제작 조수로 일하는 것을 탐탁지 않게 여겼다. 그는 저녁 식사 후에 차를 마시면서 카미유에게 조심스럽게 말을 건넸다.

"카미유, 나는 네가 로댕의 조수 일을 그만두었으면 좋겠구나."

"아니에요. 아버지, 그의 아틀리에에서 많은 것을 배우고 있어요. 절대 시간 낭비를 하고 있지 않아요."

"얘야, 나는 네 실력을 안다. 너는 네 작품을 만들어야 해. 그가 스케치하고, 그가 지시하고, 그의 상상력에 의존해 작품을 하는 것을 찬성할 수 없다. 너의 재능을 썩히지 마라."

폴도 어딘지 모르게 불만스러운 표정을 짓고 있었다.

"나는 안단다, 너의 재능과 열정을. 그리고 로댕도 따라올 수 없

는 풍부한 감성과 상상력을 말이다. 애야, 부탁인데 제발, 너의 재능을 낭비하지 마라."

아버지는 그새 늙어 있었다. 이마에는 주름들이 자글자글 앉아 있었고, 목소리 또한 예전의 강단 있는 음성이 아니라 어딘지 헐거운 듯한 느낌이 들었다. 카미유는 괴로웠다. 스승이자 연인인 로댕을 저버릴 수도 없었고, 가족들을 속일 수도 없었다.

"그래도 저는 로댕의 밑에서 많은 것을 배우고 있어요. 남자들도 모두 로댕의 조수가 되기를 원하는걸요. 그리고 틈틈이 제 작품도 하구요."

카미유는 애써 명랑한 척 굴었다.

"아니다, 애야. 그들이 그렇다고 너까지 그럴 필요는 없다. 너는 특별한 아이야. 내가 너를 잘 알아. 나는 하루빨리 네가 로댕의 작업실에서 나와 너만의 작품을 했으면 좋겠구나. 네가 로댕의 밑에 있다는 게 왠지 불안해."

딸의 얼굴을 보며 다정하게 말하는 아버지를 보며 카미유는 마음이 아팠다.

"이런, 그러고 보니 네 옷이 낡았구나."

루이 프로스페는 다 해진 카미유의 치마를 보았다.

"새 옷을 사 줄 돈이 없어요. 카미유 밑으로 들어가는 돈이 어지간해야죠."

클로델 부인은 못마땅한 얼굴로 차갑게 대꾸했다.

"아버지, 저는 괜찮아요. 옷 같은 건 아무래도 상관없어요."

카미유는 얼른 부모님의 표정을 살피며 웃었지만 루이 프로스페는 웃지 않았다.

카미유는 서둘러 식사를 마치고 자신의 방으로 올라왔다. 일주일 만에 만나는 아버지와 어머니를 위해 일찌감치 거실을 비워 주려는 배려도 있었지만 그보다는 로댕 이야기로부터 도망치고 싶어서였다. 폴이 그런 카미유를 따라 올라왔다.

"카미유, 나도 아버지와 같은 생각이야. 그곳에서는 누나의 독창적인 작품을 할 수가 없어. 나는 누나의 작품이 보고 싶어. 주문받은 로댕의 작품 일부분을 다듬는 게 아닌, 카미유만의 작품 말이야, 카미유 클로델."

폴은 '카미유 클로델'이라는 단어에 힘을 주어 발음했다.

"오 폴, 그만해."

"나는 로댕이 싫어. 그 사람이 누나를 바라보는 눈빛도 싫고. 어쩌면 그는 누나를 이용하고 있는지도 몰라. 누나의 아이디어를 그 사람이 훔쳐 가고 있는지도 모른다고."

"그러지 마. 로댕은 좋은 사람이야. 참, 그는 많은 예술가를 알고 있으니 너도 언제 한번 함께 모임에 나가 봐. 너에게 좋은 자리가 될 거야. 많은 예술가들이 온다더구나."

카미유는 가볍게 폴의 이마를 검지로 튕겼다. 마치 노장에서 꼬마 폴에게 하듯. 하지만 폴은 무언가 할 말이 더 있는 사람처럼 카미유의 얼굴을 빤히 바라보더니 이내 몸을 돌려 자신의 방으로 가버렸다. 카미유는 잠시 그 자리에 서 있었다. 폴의 굳은 표정이 마음에 걸렸기 때문이다.

아틀리에

〈지옥의 문〉과 그의 새로운 작품들을 구경하기 위해 사람들은
수시로 로댕의 작업실을 방문했다. 여기저기 부려진 대리석과 흙
덩이를 피해 그들은 작품들 사이를 진지한 표정으로 순례했다.

그들은 로댕의 작품들을 보는 척하다가도 이내 카미유를 흘금거
리며 낮게 속삭였다.

"저기 저 여자라지?"

"그래."

그들은 로댕이 빚어 놓은 카미유의 흉상 앞에서 작품과 카미유
를 번갈아 가며 바라보았다. 로댕의 〈생각〉이라는 작품이었다. 게
다가 〈키스〉라는 작품 앞에서 그들은 아예 발길을 멈춘 채 카미유

와 로댕을 바라보았다.

"저기 저 작품이 저 여자의 것이라며?"

"저 작품의 여자와 남자는 바로 로댕과 저 여자가 모델이래."

"어디 그뿐이야? 저 여자가 만든 작품들은 로댕이 모두 도와준다는 거야."

그들은 카미유가 만든 〈폴〉과 〈로댕의 흉상〉, 〈거인〉들을 턱짓으로 가리켰다.

카미유는 더 이상 사람들의 수군거림을 참을 수 없었다. 그녀는 거칠게 앞치마를 벗어던지고 아틀리에를 나왔다.

로댕은 사람들에게 둘러싸인 채 작품들을 설명하느라 카미유가 나가는 것도 보지 못했다. 카미유는 화가 나서 거리를 쏘다녔다. 어떤 사람과 어깨가 부딪쳤지만 카미유는 사과하지도 않았고, 땅바닥에 주저앉은 채 손을 내밀어 구걸하는 한 늙은 할멈의 손을 잘못 건들었지만 미안하다는 말도 하지 않았다.

분노가 카미유를 사로잡았다. 분노는 자신과 로댕에게 향했다. 카미유는 숨이 막힐 것만 같았다. 도대체 로댕은 무슨 생각을 하고 있는 것일까. 사람들이 자신을 그토록 손가락질해 대는데 그대로 내버려 두는 이유는 뭔가. 왜 로댕은 로즈 뵈레하고의 관계를 청산하지 않을까. 게다가 자신의 작품을 두고 로댕이 손을 봐주었다는 말을 듣고도 왜 아무런 변호를 하지 않는 것일까. 가족들마저 자신을 미워하는데 왜 로댕만 가만있을까. 카미유는 로댕이 원망스럽기만 했다.

그는 카미유가 없으면 불안해한다. 면을 하나 다듬다가도 그녀의 조언을 원하고, 선을 하나 만들다가도 그녀의 의견을 구하곤 한다. 그녀가 없으면 로댕은 힘이 없다. 한데도 그는 왜 자신에게 청혼하지 않을까.

당시 여자들의 사회적 지위는 결혼을 통해서만 안정적인 자리를 확보할 수 있었다. 때문에 로댕과 결혼하지 않은, 단순한 연인 관계의 카미유는 사람들로부터 인정을 받을 수 없었다.

그가 청혼한다면 자신의 작품은 보다 더 깊어질 것이다. 로댕 역시 안정을 찾아 더 많은 작품을 만들 수도 있을 것이다. 한데 왜 로댕은 번번이 로즈 뵈레에게 돌아갈까.

그때였다. 어떤 취한 남자가 카미유의 팔을 붙잡았다.

"이봐, 아가씨. 어디를 그렇게 급하게 가는 거야. 그러지 말고 여기 앉아 나와 놀자고. 이래도 한 세상, 저래도 한 세상인데, 그렇게 살 필요 없잖아? 나에게 좋은 것도 있으니 우리 재밌게 놀아 보자고."

남자는 술병을 흔들어 보이며 까맣게 썩은 이를 드러낸 채 웃었다. 카미유가 거칠게 저항했지만 술에 취한 남자의 힘을 당해 낼 수 없었다. 카미유는 와락 겁이 났다. 한낮에도 파리의 거리는 안전하지 않았다. 카미유는 아버지, 루이 프로스페가 생각났다. 카미유를 위해 파리행을 택했던 아버지. 카미유가 훌륭한 조각가로 성장하기를 기대했던 아버지. 카미유는 눈물이 났다. 누나를 좋아했던 폴은 어떤가. 폴과 문학을 이야기하고, 낡은 전통과 관습에 대해 토론하고, 그리고 미래를 꿈꾸지 않았던가. 이것은 그들이 꿈꾸던 핑크빛 미래가 아니었다.

다른 사람의 도움을 받아 술에 취한 남자에게서 벗어난 카미유는 정신을 차리고 주변을 둘러보았다. 벌써 주변이 어두워지고 있었다. 언제 이렇게까지 멀리 와 버렸는지.

카미유는 집으로 돌아가고 싶지 않았다. 그렇다고 로댕이 있는 그의 아틀리에로도 돌아가고 싶지도 않았다. 이 저녁 카미유는 갈 데가 없었다. 마음을 터놓고 이야기할 친구도 없었다. 아당 부인이 주최하는 저녁 모임은 여전히 사람들 사이에서 인기가 있었지만 카미유는 그곳에도 가지 않았으므로 친구가 없었다. 드뷔시. 그때 문득 드뷔시가 생각났다.

그러나 그 시각에 드뷔시한테 갈 수 없었다.

오고 보니 로댕의 아틀리에였다. 카미유의 발길을 잡아끈 것은 로댕도 아니었고, 하다 버려둔, 로댕이 주문받은 작업도 아니었다. 카미유를 불러들인 것은 순전히 자신의 작품들이었다. 그녀는 자신의 작품들과 이야기하고 싶었다. 작업실 한켠에 쓸쓸히 놓여 있던 폴과 '그녀의 여동생'이라는 작품명을 달고 있던 루이즈, 그리고 로댕의 흉상이 그녀를 불렀다.

카미유는 천천히 조각들에게 다가갔다. 〈폴〉은 여느 때처럼 자신을 따뜻하게 바라보고 있었고, 루이즈 역시 약간은 새침한 표정으로 창턱에 얹혀 있었다. 로댕만이 고집스러운 표정으로 거만하게 카미유를 맞았다. 훤한 이마의 미간에는 굵은 주름이 잡혀 있고, 코가 곧으며, 수염이 북실북실한 로댕은 근엄한 표정으로 카미유를 바라보고 있었다.

로댕은 평소에 사람들에게 카미유가 만든 그 흉상을 가리켜 자신의 실물과 똑같다며 자랑하곤 했다. 게다가 로댕은 카미유의 작품들에서 새로운 영감을 얻어 바로 작품으로 제작하곤 했다. 그때마다 로댕은 기쁜 표정으로 카미유를 찬양했다. 그러나 현실은 늘 로댕 편이었다. 사람들은 아무도 카미유의 독창적인 작품은 봐 주지 않은 채 오로지 로댕의 부속물이나, 로댕의 숨겨진 여자로밖에는 보지 않았다.

카미유는 로댕의 흉상을 잘 보이지 않는 구석진 자리로 옮겨 놓았다.

"그렇게 내가 밉소?"

그때 문득 고통에 찬 소리가 들려왔다. 로댕이었다. 카미유는 쨍쨍한 시선으로 그를 노려보았다.

"내가 어떻게 해야 카미유의 마음이 풀릴까?"

카미유는 자존심 때문에 로댕에게 자신과 결혼해 달라는 말을 할 수 없었다. 당당히 자신이 하고 싶은 일을 해 나갔지만 어쩔 수 없이 카미유는 여린 처녀였던 것이다.

"난 당신에게 원하는 게 없어요. 단지 사람들이 내 작품을 있는 그대로만 보아 주었으면 하는 거예요. 당신과 연관 지어 생각하지 않고."

"걱정하지 말아요. 언젠가는 그들도 당신의 작품이 독창적인 상상력의 산물이라는 걸 알 거요. 나 역시 사람들이 그런 말을 할 때마다 강하게 부정한다오. 카미유의 작품이지, 내 작품의 일부가 아니라고 말이오."

"그런 당신의 말도, 그런 변명도 싫어요."

카미유는 절규하듯 소리쳤다.

"당신이 힘들어하니까 하는 말인데, 어떻소. 우리들만의 아틀리에를 갖는 게. 당신은 그곳에서 아무런 방해를 받지 않고 카미유의 작품을 만드는 거요. 사람들의 시선으로부터 자유롭게 놓여나 말이오. 더 이상 당신의 천부적인 재능이 사람들의 입방아에 무너지지 않고, 열심히 당신만의 작품을 만드는 거요."

로댕이 한 가지 제의를 해왔다. 그는 현재 세 개의 아틀리에를 운영할 만큼 주문이 밀려들고 있었다.

"왜 대답을 안 하는 거요? 당신만 좋다면 한적한 곳에 있는 저택을 빌릴 작정이오."

카미유는 그곳을 알았다. 방치된 정원이 덤불로 가려져 있는 18세기 저택, 이탈리아 대로 68번지. 건물은 철거하기로 돼 있었는데, 로댕은 그 아름다운 건물이 철거되는 것이 못마땅했다.

사람들의 방해와 시선으로부터 자유롭게 놓여나 마음 놓고 작품을 할 수 있다는 말에 카미유는 낮게 한숨을 내쉬었다. 그랬다. 이제 정말 작품다운 작품을 만들어 보고 싶었다. 사랑의 열정에서 벗어나, 사람들의 의혹 어린 시선에서 벗어나 자유롭게 작품을 하고 싶었다.

카미유는 가만히 고개를 끄덕였다.

로댕의 여인

"더 이상 너를 보고 싶지 않다. 이제 네 갈 길을 가라. 루이즈의 결혼이 얼마 남지 않았는데, 언니인 네 행실이 바르지 못해 루이즈까지 파혼을 당할까 걱정이다. 앞으로 네 문제로 신경 쓰고 싶지 않아. 너는 우리 가족을 배신했어. 이럴 수는 없다."

클로델 부인은 발작적으로 소리쳤다.

"그러게, 처음부터 너를 말렸어야 했는데, 내 이럴 줄 알았다. 네 아버지만 아니었어도 일이 이 지경까지는 되지 않았을 거다."

폴은 잔뜩 미간을 구긴 채 서 있다가 문을 꽝 닫고 나가 버렸다. 그 문이 닫히는 소리는 끔찍했다. 카미유는 그 소리가 마치 가족들의 마음이 닫히는 것과 같다고 생각했다. 이제 자신은 가족들로부터 버려진 것이다.

카미유는 가족들에게 너무 미안했다. 특히 아버지와 폴에게 죄를 짓는 것만 같았다. 그토록 자신을 믿고 자신의 재능을 아껴준 사람들이었는데, 그들을 이런 식으로 배반하게 되다니. 마음이 아팠다. 게다가 평판이 나쁜 언니 때문에 루이즈가 받을 마음의 고통 또한 적지 않으리라는 생각에 카미유는 새삼 루이즈에게도 미안했다. 언니로서 보살펴 주지는 못할망정 오히려 더 곤경에 빠뜨린 형국에 카미유는 소리 없이 눈물만 흘렸다.

"넌 어렸을 때부터 항상 너 하고 싶은 대로 하고 살아 온 아이니까, 오히려 집을 나가 생활하는 게 더 편하고 자유로울 거다."

"아니에요, 어머니. 아니에요. 어머니. 저는 집이 좋아요."

카미유는 더 이상 뒷말을 잇지 못했다. 이미 모든 것은 결정되었다. 로댕의 아이를 가진 자신이 살아남을 길은 한 가지였다. 로댕이 로즈 뵈레와의 관계를 청산하고 자신과 결혼을 해 주는 것이었다. 만약 그렇지 않으면 자신은 거리의 여자들처럼, 행실이 나쁜 여자로 사람들에게 각인될 것이다. 아무리 좋은 작품을 한다고 해도, 아무리 로댕과의 관계를 후회한다고 해도 사람들은 여전히 자신을 카미유 클로델 자체로가 아니라 로댕의 여자로만 바라볼 것이다. 게다가 사람들은 자신의 작품을 볼 때마다 로댕을 떠올릴 것이다. 흥, 저것은 로댕이 손봐 줬을 거야. 암, 로댕의 손이 가지 않고서야 저런 작품이 나올 수가 없지…….

카미유는 그것 때문에 마음이 더 아팠다. 그리고 무서웠다. 사람들 사이에서 자신은 회복 불능의 상태가 되었다는 것, 아무리 아니라고 항변해도 사람들은 자신의 작품을 로댕의 작품으로만 보려한다는 것. 아이를 낳는다는 생각만으로도 숨이 막히고 존재 자체를 위협하는 일이었다.

"당장 나가라. 더 보고 싶지 않다. 폴, 카미유가 나가거든 문을 꼭 잠가라. 아무리 문을 두드려도 절대 열어 줘서는 안 된다."

카미유는 집을 나왔다. 이 저녁에 갈 데라고는 딱 한 군데밖에 없었다. 로댕이 자신을 위해 얻어 준 아틀리에. 그곳으로 가는 카미유의 발길은 무겁기만 했다. 그리고 무서웠다. 가족들도 자신을 버렸는데, 하물며 세상 사람들은 자신을 어떻게 바라볼까.

눈물이 흘러내렸다. 카미유의 얼굴이 눈물로 젖었다. 카미유는 옛날 노장에서의 생활이 그리웠다. 그 드넓던 벌판, 숲들, 재앵과 다른 친구들…… 그들은 여전히 그대로 있을 것이다.

저택은 적막했다. 카미유는 슬그머니 문을 밀쳤다. 끼이익. 석조 건물은 자그마한 소리까지도 공명하며 크게 울렸다. 문은 묵중하게 열렸다. 더 강인해져야 했다. 가족들의 위로와 따뜻한 격려는 기대할 수 없게 된 지금 카미유에게 남은 것은 모질게 마음먹고 예전보다 더 훌륭한 작품을 만드는 것뿐이었다.

카미유는 주변의 잡다한 소음과 사람들의 차가운 시선으로부터 벗어나자 조금은 안정을 되찾았다. 이런 기분이면 모든 걸 잊고 조각에만 몰두할 수 있을 것 같았다. 영혼을, 인간의 아름다움을, 쓸쓸함과 관계의 처절함을 조각으로 절절하게 표현해 내고 싶었다.

카미유는 한동안 조용히 자리에 앉아 있다가 이윽고 천천히 일어나 흙덩이 앞으로 다가갔다. 그리고 마르지 않게 점토 위에 씌워 놓았던 천을 벗겼다. 조금만 게으름을 부려도 흙은 꾸덕꾸덕 말라 들어가며 여기저기 갈라지고, 부서져 내렸다. 지금은 단지 한 덩어리의 흙에 불과하지만 카미유의 머리에는 한 가지 형상이 완벽하게 들어 있었다. 이미 스케치까지 해 둔 상태였다. 무릎을 꿇고 애원하는 젊은 애인을 버려두고 늙은 여자를 따라 떠나는 한 중년 남자의 모습. 무릎을 꿇고 팔을 내밀어 매정하게 돌아서는 애인을 붙잡으려는 젊은 여자는 비탄에 잠겨 있었다. 하지만 절망에 사로잡힌 젊은 애인은 끝내 나이 든 애인을 잡지 못했다. 중년의 남자와 늙은 여자는 당당했고, 크기 또한 젊은 애인보다도 컸다. 남자와 여자는 금방이라도 비상할 듯 가볍게 허공을 향해 몸을 틀고 있는 데 반해 젊은 여자는 바닥에 쓰러질 것처럼 위태로웠다.

카미유는 입술을 깨물었다. 〈중년〉은 로댕과 자신과의 관계를 형상화한 작품이었다. 카미유는 자신의 절망을 젊은 여자의 표정에 그대로 담으리라 마음먹었다.

카미유는 덩어리진 흙을 두 부분으로 나누고 대충의 골격을 잡아 나갔다. 밖은 어두웠고, 카미유가 밝혀 둔 불빛만 일렁였다. 카미유는 한 방향에서만 보지 않고 정면과 뒷면, 그리고 측면을 바라보았다. 그래야만 사방의 윤곽선이 제대로 균형을 잡을 수 있다는 사실을 알았기 때문이다.

먼저 윤곽을 잡는 일이 중요했다. 완벽한 윤곽을 잡아야만 작품의 완성도를 높일 수 있었다. 로댕은 작업을 할 때 모델이 반드시 필요했는데, 그는 윤곽을 잡을 때 빛을 이용했다. 빛을 투사시킴으로써 드러나는 음영을 통해 제대로 된 윤곽선을 잡았던 것이다. 카미유는 로댕처럼 돈이 많지 않았으므로 모델을 구할 수 없었다. 점토를 사는 것만으로도 힘에 부치는 일이었다. 이제 그것마저도 더 어려워질 것이다.

인체는 참으로 많은 윤곽선을 지니고 있다. 그 윤곽을 표현하는 일은 숙달이 되지 않고는 할 수 없다. 윤곽을 옳게 잡는다 하더라도 전체적인 몸체가 기형이라면 좋은 작품이 아니다. 최대한 인체와 비슷하게 표현하는 것. 즉 실물과 똑같이 표현해 내고 근육의 사실성을 재현해 내는 것. 카미유는 그런 작품을 얻기 위해 인체의 해부도를 얼마나 들여다보았던가.

카미유는 작업에 몰두했다. 그 누구도 〈중년〉이 로댕의 작품이라고 말하지 못할 것이다. 사람들의 의혹을 잠재우기 위해서라도 카미유는 이 작품을 빨리 완성해야 했다. 할 수만 있다면 카미유는 〈중년〉을 청동으로 뜨고 싶었다.

그때였다. 육중한 문이 열리는 소리가 적막한 밤의 대기를 헤집어 놓더니 이내 누군가가 아틀리에 안으로 들어왔다. 로댕 말고는 아무도 아틀리에를 몰랐으므로 카미유는 당연히 로댕일 거라고 생각했다. 하지만 발자국 소리가 로댕과 달랐다. 그렇다면 관리인일 것이다. 빨리 작품을 마치고 싶었던 카미유는 누구의 방해도 받고 싶지 않았다.

"무슨 일이에요?"

짜증 섞인 얼굴로 뒤를 돌아본 카미유의 표정이 일순 밀랍처럼 굳어져 버렸다. 그곳에 서 있는 사람은 로댕도 관리인도 아니었다. 일렁이는 불빛을 받고 서 있는 사람은 한 여자였다. 나이가 들고, 지친 표정을 한 로즈 뵈레였다. 로댕의 여자. 평생 로댕의 주변을 그림자처럼 맴돌며 가난하게 살아온 여자. 그 여자가 거기에 서 있었다.

카미유는 그 자리에 얼어붙은 듯 서 있었다.

"너로구나, 내 로댕을 빼앗아간 게. 요사한 계집."

"로즈 뵈레."

카미유는 저도 모르게 혼잣말하듯 그녀의 이름을 입에 담았다.

"그래, 내가 누군지는 알고 있구나."

로즈 뵈레는 성난 황소처럼 코를 씩씩 불며 카미유에게로 다가왔다. 카미유는 뒤로 물러났다. 그 바람에 막 빚기 시작한 흙덩이가 넘어져 짓이겨져 버렸다. 카미유는 일그러진 흙덩이와 거칠게 다가서는 여자를 번갈아가며 바라보았다. 로즈 뵈레의 표정이 험악했다. 금방이라도 카미유의 머리카락을 뽑아 놓을 것만 같았다.

카미유도 진작부터 그녀를 보고 싶었다. 연인이자 스승인 로댕의 마음을 붙잡고 있는 여자, 로댕을 그녀로부터 빼앗아오기 위해서라도 카미유는 그녀를 만나고 싶었다. 최고의 조각가, 조각에 대한 사람들의 생각을 바꾸어 놓은 천재 조각가인 로댕의 여자. 돈을 잘 버는 조각가의 아들을 낳고, 존경받는 조각가의 여자로 살면서도 카미유 앞에 나타난 로즈 뵈레의 행색은 궁색하기 이를 데 없었다. 하긴 그녀는 꽃 같은 이십대 초반에 로댕을 만나 평생을 그에게 헌신하며 살면서도 로댕에게 물질적인 도움을 받지 못했다. 로댕은 뵈레를 돌보지 않았고, 그녀는 로댕과의 사이에서 난 아들을 데리고 굶어죽지 않기 위해 열심히 일을 해야만 했다. 그 노동으로 인한 고생이 고스란히 그녀의 얼굴에 들어 있었다.

"나쁜 년. 난 평생 로댕을 기다렸어. 한데 이제 와서 네가 그를 빼앗아 가려고 해? 난 절대 빼앗길 수 없어. 너는 내게서 로댕을 빼앗을 수 없다구!"

로즈 뵈레는 이를 악문 채 말했다. 이 사이로 빠져나오는 말들이 사나웠다.

"로댕이 만들어 준 거지?"

로즈의 시선이 〈생각〉으로 가 멈추었다. 그녀는 로댕이 만들어 준 카미유의 흉상을 부수기 위해 〈생각〉 앞으로 재게 다가갔다. 카미유는 그녀의 허리를 감싸 안고 바닥으로 굴렀다. 그녀가 작품을 부수게 내버려둘 수는 없었다. 하지만 저항하는 로즈 뵈레의 힘도 만만치 않았다. 아니, 세월에 단련된 그녀의 완력은 카미유와는 비교도 되지 않을 만큼 세고 거칠었다.

"제발, 그것만은 제발, 부수지 말아요. 부탁이에요."

카미유는 애원했다. 하지만 그녀는 듣지 않았다. 오히려 카미유가 애원하면 할수록 로즈 뵈레는 그것을 꼭 부수고야 말겠다는 듯 고집스럽게 〈생각〉 앞으로 갔다. 카미유가 막 단념하려고 했을 때, 누군가의 성난 음성이 들렸다.

"지금 무얼 하는 거요?"

로댕이었다. 로댕의 출현에 로즈 뵈레는 놀라는 표정으로 제자리에 멈춰 섰다. 놀라기는 카미유도 마찬가지였다. 마치 구원병을 얻은 사람처럼 카미유는 안심이 되었다. 성난 황소처럼 위협적으로 굴던 로즈 뵈레는 로댕을 보자마자 언제 그랬냐는 듯 순한 양처럼 굴었다. 표정 역시 착하게 돌변해 이내 〈생각〉에서 물러났다. 그 변화는 카미유를 놀라게 만들었다. 조금 전까지만 해도, 모든 것을 부수어 버릴 듯 사납던 여자는 어디에도 없었다. 단지 늙고 무력하기 짝이 없는 한 여자가 로댕과 카미유 앞에 있을 뿐이었다.

"이게 지금 무슨 짓이오?"

로댕은 로즈 뵈레를 향해 낮은 목소리로 힐책했다.

"아들이 아파요. 당신 아들이 아프다고요."

로즈는 가련하게 말했다. 카미유는 로댕에게 달려가, 너무 놀라서 심장이 멈춰 버릴 것만 같다고 투정을 부리고 싶었지만 그럴 수 없었다. 로댕의 사랑은 자신이 아니라 로즈라는 사실을 깨달았기 때문이었다. 그 순간 카미유는 확인할 수 있었다. 로댕의 여자는 자신이 아니라 그녀였다는 것을. 믿었던 로댕이었는데, 로댕은 철저히 자신을 배신한 것이다.

로댕은 더 이상 로즈를 나무라지 않았다. 다만 아들이 아프다는 소리에 걱정스런 표정으로 로즈를 달랬다. 로댕은 한편으로는 카미유가 걱정되었는지 실내를 둘러보았다. 모든 것은 그대로였다. 방금 전까지 카미유가 다듬었을 흙덩이만 바닥에 넘어져 한쪽이 뭉개졌을 뿐.

로댕은 로즈를 앞세우고 아틀리에를 나갔다. 로즈 뵈레는 순순히 로댕과 사라졌다. 카미유는 가족들에게 버림을 받았을 때보다 더 끔찍한 고통에 사로잡혔다. 고통만이 아니었다. 로댕에 대한 분노와 자괴감과 상실감에 카미유는 미쳐 버릴 것만 같았다. 로댕에

게 자신은 아무것도 아니었다는 사실에 카미유는 숨을 쉴 수가 없을 정도였다. 그 따뜻하던 눈빛, 다정하던 말, 열정이 넘치던 편지, 집요하리만큼 묻던 작품에 대한 조언들……. 로댕은 단지 작품을 위해서만 카미유가 필요했던 것이다.

"아아, 나의 로댕이, 나의 사랑이, 나에게 이럴 수는 없어……."

카미유는 비탄에 차 소리를 질렀다.

그 밤, 카미유의 울음소리는 처량하게 아틀리에에 울려 퍼졌다.

샤쿤탈라

카미유는 고풍스러운 저택에서 나와 조그마한 빌라를 마련했다. 아이는 유산되었다. 로즈 뵈레가 찾아온 날 밤, 아이는 핏덩이로 그녀의 몸을 빠져나갔다. 카미유는 더욱 말수도 줄어들고 표정이 우울해졌다. 푸른 눈에서는 금방이라도 눈물이 굴러 떨어질 것만 같았다. 언제 식사를 했는지조차 기억이 나질 않았다. 얼굴은 초췌했고, 옷은 다 낡아빠져 있었다. 집 안은 궁색하기 짝이 없었고, 냉기가 살갗을 파고들었다. 모델 외에는 아무도 카미유의 집을 찾아오지 않았다. 이제 카미유에게 남은 것은 몇 점의 작품들과 굳어 버린 점토, 그리고 극심한 외로움과 가난뿐이었다.

카미유는 숄을 목까지 끌어당겼다. 살을 에는 추위는 여전했다.

손은 곱았고, 감기로 며칠째 고생하고 있었다. 벽난로는 언제 지폈는지 불기라고는 없었다.

로댕은 지금쯤 로즈와 함께 있을 것이다. 카미유는 작업대 위에 올려져 있는 〈중년〉을 물끄러미 바라보았다. 〈중년〉은 볼수록 처량했다. 떠나가는 연인에게 사정하는 젊은 여자의 표정이 카미유의 마음을 더 시리게 만들었다. 로댕이 자신에게 그럴 수 있다니, 카미유는 모델이 전해 주는 말을 믿을 수 없었다.

"로댕은 당신이 저 작품을 주물로 뜨는 것을 막는다고 했어. 그는 더 이상 당신과의 이야기가 세상에 떠돌기를 원하지 않아."

모델은 카미유가 원하는 포즈로 굳은 듯 서 있으면서도 부지런히 입을 놀렸다. 추위 때문에 몸이 푸른빛으로 변한 모델이 움직일 수 있는 것이라고는 입술과 눈동자였다.

"게다가 그는 전시까지 막는다고 했어."

이 말을 전해 들은 카미유는 짐승처럼 소리를 질러 댔다.

"그럴 수는 없어. 그가 나에게 명령을 내릴 수는 없다고!"

"당신은 모르고 있겠지만 말이야, 정부도 로댕의 눈치를 보느라 당신의 작품을 구입하지 않는데."

모델은 또다시 빈정거리듯 말했다. 카미유는 기어이 종이를 내던지며 모델에게 욕설을 퍼부었다.

"나가! 나가 버려, 이 망할 여자야!"

그녀는 그렇지 않아도 그만둘 참이었다는 듯 카미유의 말이 떨어지자마자 서둘러 옷을 입었다. 그리고는 나가다가 문득 뒤돌아보며 말했다.

"다른 모델을 찾는 게 좋을 거야. 급료가 얼마나 밀렸는지 본인이 더 잘 알 테니지. 내일부터는 로댕의 작업실로 갈 거야."

그녀는 어깨로 흘러내린 머플러를 추켜올리며 작업실을 나갔다. 작업실 안은 냉기만 감돌았다. 햇빛조차 그날따라 인색하게 굴면서 유난히 실내가 추웠다.

"나쁜 사람 같으니라고. 주물로 뜨지 말라고? 게다가 전시까지 막겠다고? 오, 그가 나한테 이럴 수는 없어."

카미유는 얼굴을 두 손으로 감싼 채 침대에 몸을 던졌다. 모든 게 절망적이었다. 사랑도, 작품도, 그리고 앞으로의 생활도 희망이 없었다.

카미유는 다시금 상처를 입었다. 도저히 이 슬픔을 몰아낼 방법이 없었다. 카미유는 침대에 얼굴을 파묻은 채 몇날 며칠을 울었다. 먹은 것이라고는 고작해야 빵 몇 조각뿐이었다.

그러던 어느 날 문득 카미유는 무엇엔가 홀린 듯 침대에서 일어났다. 그녀는 언제 그랬냐는 듯 얼굴에서 눈물을 닦아 내고는 미친 듯이 작업에만 몰두했다. 로댕을 잊는 데 작업만큼 좋은 일은 없었다. 완벽한 작품. 카미유는 자신의 내부에서 마그마처럼 들끓는 열정을 모두 쏟아 부을 작품을 만들고 싶었다. 작품의 이름은 〈샤쿤탈라〉라고 붙일 것이다.

샤쿤탈라는 힌두교의 전설에 나오는 인물이다. 샤쿤탈라는 결혼을 약속한 두시얀타 황제를 찾아가지만, 왕은 주술에 걸려 연인을 알아보지 못한다. 비탄에 빠진 샤쿤탈라가 고향에 돌아가 아들을 키우고 있던 중 왕이 기억을 되찾아 두 사람은 재회한다. 카미유는 폴과 함께 이 전설이 실린 책을 읽고 얼마나 가슴 아파했던가. 한때 폴과 카미유는 그런 낭만적이고도 아름다운 사랑을 꿈꾸었다. 폴은 자신의 바람대로 인생을 착실하게 살아가고 있었지만 카미유는 아니었다. 카미유는 사랑이라는 암초에 걸려 좌초하고 말았다.

〈샤쿤탈라〉를 제작하기로 마음먹은 카미유는 스케치를 시작했다. 마음에 드는 형상을 얻을 때까지 스케치는 계속되었다. 장님에 벙어리가 된 샤쿤탈라는 두시얀타에게 모든 것을 내맡긴 채 눈을 감고 힘없이 기대어 있고, 잃었던 기억을 되찾은 두시얀타는 무릎을 꿇은 채 온 정성을 다하여 그녀를 보듬어 안고 있는 형상으로 제작할 것이다. 벌써 수십 장의 스케치가 완성되었지만 카미유는 여전히 만족스럽지가 않았다. 뭔가 특별해야 했다. 인간의 고뇌를 고스란히 담고 있는 작품이어야만 했다.

카미유는 오로지 샤쿤탈라에만 매달렸다. 샤쿤탈라, 샤쿤탈라는

바로 카미유였다. 사람들의 수군거림에도 아무런 변명도 응대도 하지 못하는 벙어리가 바로 자신인 것이다. 두시얀타는 물론 로댕이었다. 샤쿤탈라가 완성될 때까지는 아무도 만나지 않을 것이다. 하긴 누추한 작업실을 찾아올 사람도 없다. 설령 카미유가 굶어 죽는다 해도 아무도 알지 못할 것이다.

마침내 〈샤쿤탈라〉가 완성될 때까지 얼마나 많은 밤과 낮이 지났는지 모른다. 카미유는 샤쿤탈라를 프랑스 예술인 살롱전에 보냈다. 눈은 퀭했고, 몰라볼 정도로 살이 내려 있었지만 눈빛만큼은 여전히 이글거렸다. 〈샤쿤탈라〉를 내보내는 카미유는 마치 신체의 일부를 떼어 보내는 듯 허전했다.

드디어 발표 날이 되자 카미유는 아무것도 할 수 없었다. 숨도 참아가며 만든 〈샤쿤탈라〉가 사람들에게 어떻게 받아들여졌을까, 카미유는 궁금해 견딜 수 없었다. 카미유는 발작적으로 거리로 뛰쳐나왔다. 도저히 가만히 앉아서 발표를 기다릴 수 없었다. 정신없이 사람들 사이를 헤치고 걸어가는 카미유의 표정은 긴장으로 잔뜩 굳어 있었다. 샤쿤탈라, 샤쿤탈라, 샤쿤탈라…… 카미유는 마치 주문을 외듯 혼잣말로 되뇌었다.

결과는 예상 밖이었다. 〈샤쿤탈라〉가 살롱전에서 최고상을 차지한 것이다. 카미유가 스물세 살 되던 해였다. 그러나 카미유는 하나도 기쁘지 않았다. 여전히 그녀의 마음은 모래사막처럼 삭막하고

황량할 뿐이었다. 그 무엇으로도 카미유의 공허한 마음을 채울 수는 없었다. 사람들의 찬사와 계속되는 호평도 카미유의 마음을 어루만지지 못했다. 늘 마음 한 편이 저리고, 허전하며, 삭막했다. 광기…… 어쩌면 이는 천재적 예술가의 광기였으리라.

사람들은 그 끔찍하면서도 애절한 작품을 통해 카미유의 존재와 재능을 다시 한 번 확인하고는 수군거리기 시작했다.

"그 작품 앞에 있노라면 왠지 전율이 느껴져."

"정말이야. 어떻게 그렇게 완벽하게 만들 수 있을까. 이제 불과 스물세 살인데."

"유연하면서도 힘찬 선과 면은 아무도 흉내 낼 수 없을 거야."

사람들은 카미유의 작품을 입에 달고 살면서도 정작 그녀의 고통과 외로움을 눈치채지 못했다. 카미유는 살아야 했고, 자신이 살기 위해서 할 수 있는 일은 딱 한 가지밖에 없다는 사실을 잘 알았다. 작품을 하는 것. 자신 안에 들끓는 증오와 사랑과 고통을 작품으로 표현하는 것. 카미유는 걸신들린 사람처럼 작품에만 몰두했다. 그 일만이 끔찍한 외로움에서 그녀를 구해 낼 수 있었다.

카미유는 어린 시절, 잠깐 이즐레트 성에 머물렀을 때 성 주인의 손녀였던 샤틀렌을 기억해 냈다. 어린 소녀의 순진하고도 영특한 눈망울은 마치 노장에서의 자신처럼 맑고 순수했다. 카미유는 그 소녀에게서 어린 시절의 자신을 보려 했다.

카미유는 이제 완벽하게 자신만의 작품을 완성해 나갔다. 로댕의 조수라는 그의 그림자에서 벗어나 이제 자신만의 세상에서, 스스로를 위한 작품을 제작하는 것이다. 그즈음 로댕 역시 프랑스 최고 훈장인 레지옹 도뇌르 훈장을 수여하며 전성기를 누리고 있었다.

드뷔시

하지만 외로움은 발작처럼 찾아들었다. 카미유는 사람이 그리웠다. 고립되어 있는 혼자만의 시간이 늘어나면서 카미유는 가끔씩 타인과의 소통이 간절히 그리웠다. 자신에게 상처를 주지 않으면서 자신의 영혼의 소리에 귀를 기울여 줄 한 사람. 그럴 때면 언제나 드뷔시가 생각났다. 드뷔시는 카미유처럼 사람들과 잘 어울리지 못했다. 어쩌면 그 때문에 카미유와 친해졌는지도 모른다.

화요 예술가 모임에서의 드뷔시는 늘 수줍고 말이 없던 남자였다. 촌티가 나던 남자. 때문에 순박해 보이던 남자. 카미유 역시 드뷔시가 싫지는 않았다. 로댕과 달리 드뷔시는 자신의 또래였고, 외로움을 잘 이해했다. 로댕에게 불타는 질투와 정열이 있었다면 드뷔시에게서는 편안함 같은 것을 느낄 수 있었다.

화요 예술가 모임에서 프루스트나 클로드 모네와 같이 한자리에 있으면서도 카미유가 사람들과 섞이지 못할 때, 드뷔시 역시 사람들의 말을 가만히 듣고만 있을 뿐 끼어들어 대화를 이끌어 나가지는 못했다. 그러다 어쩌다 눈이 마주치면 둘은 오랫동안 만난 사람처럼 편하게 웃었다. 그때 카미유는 스물여덟 살이었고, 드뷔시는 서른 살이었다. 아직 드뷔시는 세상에 알려지지 않은 인물이었다.

하지만 그 드뷔시에게 카미유는 얼마 전 매정하게 이별을 통보했다.

"미안해요, 드뷔시. 더는 만날 수 없어요."

드뷔시는 느닷없는 카미유의 통보에 몹시 고통스러운 표정을 지었다.

"왜 그러는 겁니까? 내가 행여 무슨 잘못이라도 저질렀습니까? 그렇다면 사과를 하지요."

"그런 게 아니에요. 당신이 아니라 내가 문제예요. 당신은 아무 잘못도 하지 않았어요. 오히려 내가 미안할 만큼 나에게 잘해 주었지요. 오, 드뷔시. 이렇게 말하는 내 마음도 아파요."

"그렇다면 왜 저를 떠나려 하는 겁니까? 그 이유를 말해 주세요."

"저도 모르겠어요. 그냥 드뷔시, 우리 이렇게 좋은 추억으로 남아요."

드뷔시는 잔뜩 화가 난 얼굴로 돌아섰다. 그 순간 카미유의 가슴은 철렁 내려앉았다. 저렇게 드뷔시가 가 버리면 안 되었다. 어쩌면 자신을 이 끔찍한 지옥으로부터 구원해 줄 유일한 사람이 드뷔시일지도 모르는데, 그냥 가게 내버려두어서는 안 되었다. 하지만 카미유는 잡지 못했고 그것으로 끝이었다.

그는 여전히 예술가들의 모임에 나올 것이다. 로댕을 버리고 드뷔시를 만나 결혼했더라면 지금보다는 나았을까. 카미유는 가만히 고개를 내저었다. 자신이 결혼을 하지 않는 것은 로댕 때문이 아니었다. 그녀는 결혼보다도 더한 것을 원했다. 숭고한 것, 자신의 존재를 걸 만큼 위대한 것. 인간의 영혼과 감정을 표현해 내는 것. 그것은 바로 조각이었다.

카미유는 그를 추억하며 〈왈츠〉를 만들었다. 여자의 치마가 빙글빙글 돌 때마다 우아하게 퍼지는 작품. 드뷔시에게 〈왈츠〉라는 작품을 선물할 것이다. 사람들은 청동 조각을 보는 것만으로도 마치 음악이 들리는 듯한 착각을 하게 될 것이다.

카미유는 드뷔시가 보고 싶었다.

5장

고통과 광기의 나날들

갈등

카미유는 로댕과 이별을 한 뒤에도 어려운 문제에 부딪치면 어쩔 수 없이 그에게 도움을 청했다. 사람들에게 자신의 작품을 설명해야 했는데, 그들을 만나는 것이 두려웠다. 그때마다 카미유는 로댕에게 부탁했다. 그런 탓에 사람들은 여전히 카미유를 로댕의 여자로 생각했다. 물론 몇몇 작품들은 호평을 얻기도 했다. 특히 이즐레트 성 주인의 손녀를 모델로 만든 〈어린 소녀 샤틀렌〉은 카미유에게 큰 성공을 가져다주었다. 비평가와 신문 기자들은 신문과 잡지에서 〈어린 소녀 샤틀렌〉을 추켜세웠다.

가냘프면서도 어딘지 우울한 눈빛으로 대상을 응시하고 있는 이 소녀상의 얼굴에는 비범한 총명함이 잘 나타나 있었다. 예술평론가 모르하르는 이렇게 평했다.

"그녀는 외형 그대로를 표현하는 것이 아니라 이를 정화하고 확대시켜 더 깊은 내면의 아름다움으로 접근하려 했다."

〈나이 든 엘렌〉, 〈열여섯 살의 폴〉, 〈샤쿤탈라〉, 〈왈츠〉, 〈어린 소녀 샤틀렌〉으로 이어진 연이은 성공에 카미유는 고무되기도 했지만 한편으로는 만족할 수 없었다. 아직 자신의 내면은 열정으로 가득했고, 형상화하고 싶은 이야기들이 들끓고 있었다. 그녀는 사람들의 호평에 자만하지 않고 묵묵히 하던 일을 계속하며 내부에서 이는 강렬한 인상과 감정대로 손을 움직여 나갔다. 마음이 시키는 대로, 손이 가는 대로, 억지로 아름다움을 만들려 하지 않고, 내면의 고통과 기쁨을 자연스러운 표정으로 이끌어내려 했다.

무언가를 만들기 위해 억지로 갖다 붙이면 어딘지 과장되고 어색했지만, 내면에 이끌려 가다 보면 선과 면이 부드럽게 살아났다. 카미유는 이제 자신만의 독창적인 기법과 세계를 알 수 있었다. 그것은 아무도 흉내 낼 수도 없고, 따라할 수도 없는 것이었다. 오로지 카미유 클로델, 자신만의 것이었다.

카미유는 새로운 작품을 시작하려 하고 있었다. 이번에는 무언가 독특한 재료로 만들어 보고 싶었다. 재료가 달라지면 분명 얻고자 하는 느낌의 질감도 달라질 것이다. 카미유는 아무도 생각하지 못한 새로운 재료인 옥을 확인해 보고 싶었다. 카미유는 상드마르

의 살롱전에 출품하기 위해 새로운 재료를 사용했다. 당시 옥으로 작품을 만든다는 생각을 한 사람은 카미유뿐이었다.

〈뜬소문〉은 카미유의 이름과 재능을 다시 한 번 확인하는 계기가 되었다.

"세상에, 옥이야. 옥으로 만들었어."

"글쎄, 뜬소문이라니. 자신의 이야기를 모델로 했나 보군."

"어떻든 그녀의 작품은 놀라워."

사람들은 그녀의 연이은 성공을 시기하기 시작했다. 남자가 아닌, 여자로서 성공을 거두고 있는 카미유의 뒤에서 사람들은 수군거렸다.

"흥. 이제 카미유는 곧 부자가 되겠군. 저렇게 연일 신문에서 떠들어 대고 있으니 주문이 밀려들 게 아니야?"

"그러게. 이제 더 이상 가난하고 옷을 못 입는 여자가 아니겠군. 근사한 옷을 입고, 콧대는 하늘로 향해서 사람들을 내려다보겠지, 아마."

"그러게 말이야. 그 꼬락서니를 어떻게 볼까?"

사람들은 질투가 섞인 소리로 카미유를 공격했다. 게다가 그녀는 얼마 전에 국립 미술협회의 정회원으로 가입까지 했다. 사람들은 카미유가 정회원으로 등록된 것을 두고도 분명히 로댕의 입김이 작용한 것이라며 애써 그녀의 재능을 깎아내렸다. 하지만 카미유는 상관하지 않았다. 사람들이 뭐라 하든 자신은 자신의 일만 열심히 하면 되는 것이었다.

연이어 성공을 했다고 해서 사람들의 추측대로 카미유가 경제적으로 안정된 나날을 보내고 있는 것은 아니었다. 작품의 성공과 현실은 달랐다. 카미유는 여전히 곤궁한 생활을 하고 있었다. 다음 작품을 하기 위해 당장 지불해야 할 대리석 비용과 모델료를 걱정해야 했고, 집세도 번번이 밀렸다. 무엇도 나아진 게 없었다. 게다가 카미유는 제작 조수를 구하는 데도 애를 먹어야만 했다. 우선 그들에게 지불할 급료도 없었지만 아무도 여자인 카미유 밑으로 들어오려 하지 않았기 때문이었다.

그러나 카미유는 실망하지 않았다. 조각만 계속할 수 있다면 그 어떤 어려움도 감수할 수 있었다.

하지만 어려운 일을 부탁하는 로댕과의 관계도 그리 오래가지 못했다. 카미유가 성공을 거두고 있는 데 반해 로댕은 어려움을 겪고 있었고, 주문받은 〈칼레의 시민들〉과 〈발자크〉가 사람들로부터 가혹한 비평을 받고 있었다. 게다가 카미유는 〈클로토〉 때문에 로댕과 심각한 마찰을 빚었다. 앙상하게 드러난 노인의 골격, 축 늘어진 젖가슴, 머리에 쓰고 있는 붕대, 배에 난 칼자국, 미라 같은 형상…… 〈클로토〉의 모습이었다. 사람들은 〈클로토〉 앞에서 끔찍하다는 듯 모두 고개를 돌려 버렸다.

카미유가 〈클로토〉를 발표하자 사람들은 모두 놀라워했다. 아름다움을 찬미하며, 육체의 싱그러움이나, 신화 속 영웅들을 조각의 주요 소재로 삼아온 기존 관습에서 크게 벗어나 있는 이 작품을 보고 사람들은 카미유를 경멸했다.

"미라야. 미라를 만든 거라고. 저 배를 감싸고 있는 붕대를 봐. 세상에."

"그녀의 영혼에는 뭐가 들어 있기에 이런 작품을 할 생각을 했을까?"

사람들은 다들 얼굴을 찡그린 채 〈클로토〉에 대해 더 이상 이야기하지 않았다.

하지만 일각에서는 〈클로토〉에 대해 호의적인 태도를 보였다. 특히 그녀의 작품을 좋아했던 미술 비평 기자 옥타브 미르보는 항간에 떠도는 수많은 비판과 경멸 어린 평가에 조소를 던지며 카미유의 재능을 높이 인정했다. 추함도 예술의 훌륭한 소재가 될 수 있음을 그는 알았기 때문이다.

카미유는 이 작품이 뤽상부르의 박물관에 전시되기를 희망했지만 전시되지도 않았고, 작품의 행방도 알 수 없었다. 작품이 감쪽같이 사라져 버린 것이다. 카미유는 로댕을 의심했다. 그녀는 로댕이 자신의 작품을 훔쳐갔다고 주장하며 그를 맹렬하게 비난했다. 왜냐하면 작품이 사라지고 난 지 얼마 되지 않아서 로댕이 비슷한 〈한때는 아름다웠던 투구 제조공의 아내〉를 발표했기 때문이다.

누가 보아도 카미유의 〈클로토〉와 느낌이 비슷한 작품이었다. 늙은 여인의 추레한 모습은 〈클로토〉 속의 노인이었다.

"이럴 수는 없어. 로댕이 내 주제를 훔쳐갔어. 그러니 〈클로토〉를 발표하지 못하도록 방해했겠지. 어디 그뿐이야? 그는 번번이 내 작품을 도용했어. 언제나 내 작품에서 영감을 받아 제작했지. 나쁜 인간. 로댕을 만나 따지고 말 거야."

카미유의 분노는 극에 달했다. 그가 이런 식으로 자신을 배신할 수는 없다고 생각했다. 충실한 제작 조수로서, 냉정한 비판과 조언을 해 주는 동료로서, 영감을 불러일으켜 주는 연인으로서, 또 그의 특별한 모델로서 그에게 헌신했지만 로댕은 카미유를 냉정하게 배반해 버렸다. 로댕이 빚은 〈다나이드〉와 〈지옥의 문〉 안에 들어 있는 여인, 오로라의 모델은 카미유였다. 등을 보인 채 엎드려 있는 여인의 모습은 사람들에게 아련한 연민을 느끼게 했다.

로댕은 카미유의 성공을 원치 않았고 교묘하게 그녀의 작업을 방해했다. 〈중년〉 역시 카미유와 자신과의 관계가 세상에 추문으로 번져 가는 것을 막기 위해 청동으로 제작하는 것을 방해했고, 정부에 압력을 넣어 그 작품의 주문도 방해했다. 그뿐만이 아니었다. 〈클로토〉처럼 로댕은 카미유의 작품에서 힌트를 얻어 다른 작품을 제작하기도 했다. 그때마다 카미유는 웃어넘겼다. 그러나 이번만은 도저히 그를 용서할 수 없었다.

폴이 떠나다

사람들은 잇단 성공으로 그녀가 윤택한 생활을 하고 있는 줄로만 알았지만 카미유의 형편은 나날이 나빠져만 갔다. 그녀가 하루하루를 겨우 버틸 정도로 궁핍한 생활을 하고 있는 줄은 아무도 상상하지 못했다. 카미유는 방파제 부근의 작은 아틀리에로 옮겨야만 했다. 대리석이나 좋은 흙을 구할 비용도 없었기에 아틀리에를 옮긴다고 해서 문제가 해결되는 것은 아니었다. 아무 곳에서도 주문이 들어오지 않았던 것이다.

카미유는 예전 로댕의 작업실에 있던 좋은 재질의 대리석들이 생각났지만 그렇다고 그에게 손을 내밀 수도 없었다. 게다가 제작 조수도 없이 모든 공정을 카미유 혼자 하려다 보니 이만저만 힘이 드는 게 아니었다. 아니, 힘이 드는 것도 드는 것이었지만 그보다는 한 작업의 일정이 너무 오래 걸렸다.

밖에서는 바람이 휘몰아쳤다. 휘히이잉. 바다를 건너온 바람은 유난히 사납고, 거칠었다. 바람이 내는 휘파람 소리를 들을 때마다 카미유는 심장까지 냉기가 파고드는 것 같았다. 카미유는 잔뜩 몸을 웅크렸다. 하지만 그악스럽게 파고드는 냉기를 물리칠 수는 없었다. 냉기의 정체는 외로움이었다. 카미유는 아무도 찾지 않는 작업실에 격리되듯 떨어져 있었다.

카미유는 작업대 위에 올려진 폴과 루이즈의 흉상을 바라보았다. 그들은 언제나 카미유와 함께 있어 주었다. 슬플 때나, 기쁠 때나, 동생들은 늘 변하지 않는 표정으로 카미유를 지켜보고 있었다. 지금까지 그래 왔던 것처럼 앞으로도 그럴 것이다.

춥고 배가 고픈 카미유는 숄을 꺼내 어깨를 감쌌지만 뼛속 깊이 파고드는 추위를 물리칠 수는 없었다. 좋은 점토를 구하지 못하는 마당에 땔감을 들여 놓는 일은 상상도 할 수 없었다. 그나마 있던 점토들은 추위에 꽁꽁 얼어 여기저기가 갈라지고 말라가고 있었다.

카미유는 더 이상 참을 수 없었다. 그녀는 다 낡은 외투를 두르고 밖으로 나왔다. 저절로 이가 부딪쳤다. 외투라고 해야 얇은 재질의 겉옷에 불과했고, 추위를 막기에는 역부족이었다.

카미유가 갈 데라고는 한 곳밖에 없었다. 가족들이 있는 집. 더욱이 폴이 중국으로 떠난다는데, 인사라도 해야 했다. 귀여운 동생, 아니 믿음직한 폴. 카미유가 보기에도 마음이 설렐 만큼 그는 훌륭한 청년으로 변해 있었다.

폴은 중국으로 가게 되었다고 말했다. 중국. 카미유는 그 신비로운 땅이 보고 싶었다. 언젠가 카미유는 폴과 함께 세계 여행을 떠나자고 했었다. 세계의 수많은 나라를 여행하며 예술가들을 만나고, 새로운 관습들과 풍습을 공부하자던 그 꿈은 이제 폴만이 이룰 수 있었다.

집은 여전히 안온했다. 풍족하지는 않았지만 굶지는 않았다. 문을 열자 와락 덤벼드는 벽난로의 훈훈함에 카미유는 눈물마저 날 뻔했다. 그녀는 벽난로 앞으로 내달리듯 다가가 곱은 손을 녹였다. 고소한 버터 냄새가 코끝에 맴돌았지만 카미유는 배가 고프다는 말은 하지 않았다.

"얼굴이 많이 상했네. 어디 안 좋은 거야?"

남편과 사별하고 집으로 돌아온 루이즈는 얼굴에 그늘이 져 있었다.

"아니, 감기 기운이 있어서."

루이즈의 말에 카미유는 힘없이 웃어 보였다.

"폴은? 폴은 집에 없어?"

"아니. 자기 방에 있을 거야."

순간 카미유는 명치끝에 묵직한 체증 같은 것을 느꼈다. 자신이 왔는데, 폴이 얼굴도 내밀지 않다니. 폴이 자신과 이야기를 하고 싶어하지 않는다는 사실을 카미유는 느낄 수 있었다. 가족들 사이에서 무언가 서름함이 맴돌았다. 아니면 카미유 혼자 그렇게 느끼는 것일 수도 있었다. 하지만 주체가 누가 됐든 카미유는 집에 더 있기가 불편했다. 아니, 있어서는 안 되었다.

"네 얼굴이라도 보았으니 이제 가봐야겠다. 폴에게 인사라도 하고 싶어 들렀는데."

아무도 붙잡지 않았다. 더 있다 가라고, 따뜻한 불가에 앉아서 몸도 녹이고, 고소한 버터를 바른 빵에 저녁 식사라도 하고 가라고 붙잡지 않았다.

카미유는 무엇보다도 따뜻한 불가를 떠나는 게 아쉬웠다. 어릴 때 노장에서의 추억이 새삼 떠올랐다. 그때는 모든 것이 행복했다.

"왔어?"

폴이 자신의 방에서 나오며 카미유에게 억지로 웃어 보였다. 그 마지못한 행동에서 카미유는 절망을 느꼈다.

"그래. 떠날 준비는 잘 돼가니?"

"응."

짤막한 폴의 대답도 카미유는 서운했다. 예전에는 더 많은 이야기들을 해 달라고 조르던 폴이었다. 누나, 누나, 카미유 누나…….

지금도 자신을 뒤쫓아 오며 큰 소리로 부르던 폴의 음성이 기억에 생생한데, 이제 폴은 대답마저 아끼고 있었다.

"오랫동안 볼 수 없겠구나."

"그럴 거야."

"아프지 말고. 폴은 잘할 수 있을 거야."

카미유는 다정하게 웃어 보였지만, 여전히 명치끝에는 뜨거운 울음들이 뭉쳐져 있었다.

"이제 네 얼굴 봤으니 가야겠다."

"작업실로 가는 거야?"

"그래야지. 거기 말고 갈 데가 어디 있겠니?"

카미유는 그렇게 말했지만 내심은 작업실 안의 유령들에게 돌아가고 싶지 않았다. 그 유령들은 자신을 노려보면서 자신을 해코지하려 들 것이다. 하지만 카미유는 작업실 말고는 갈 데가 없었다.

"잘 가, 카미유."

"그래. 폴 너도."

집을 나온 카미유는 잔뜩 몸을 웅크리고 걸었다. 너무나 웅크리고 걸었던 탓에 아무도 그녀가 카미유인 줄 알아보지 못했다.

지독한 가난과 고독

1906년, 폴이 결혼과 함께 중국으로 떠나 버리자 카미유는 크게 상심했다. 이제 더 이상 먹을 것도 없었다. 아무에게도 손을 벌릴 수 없었다. 자신에게 관대하던 아버지 역시 이제 더는 카미유를 지원해 줄 수 없었고, 혼자 모든 것을 해결해야만 했다. 방파제 옆, 낡은 아틀리에에서 카미유는 한 마리 곤충처럼 지내야만 했다.

어느 날 카미유는 아틀리에 안에 있던 모든 것들을 내던지기 시작했다. 일주일에 한 번 아틀리에 밖으로 나와 식료품을 샀지만 이제 더 이상 그것도 할 수 없었다. 수중에 아무것도 남지 않자 카미유는 울부짖었다. 자신이 이렇게 비참하게 되리라고는 한 번도 생각해 보지 못했다. 눈물이 펑펑 쏟아졌다. 모든 게 다 엉망이었다. 그렇게 얼마나 울었을까. 카미유는 울다 지쳐 죽음과도 같은 깊은 잠을 잤다. 이런 일이 반복되었다.

그러던 어느 날 카미유는 무슨 소리인가를 들은 것 같았다. 쾅쾅쾅! 꿈처럼 소리가 몽롱했다. 카미유는 눈을 떴다. 쾅쾅쾅! 꿈이 아니었다. 분명 아틀리에의 문에서 나는 소리였다. 카미유는 느릿느릿 자리에서 일어났다. 올 사람이 없었다. 카미유는 잠시 망설였다. 혹시 환청은 아닐는지. 쾅쾅쾅! 환청은 아니었다. 카미유는 힘들게 걸어가서 문을 열었다. 파리에서 살롱을 운영하고 있는 외젠 블로였다. 문고리를 붙잡고 서 있는 카미유를 그녀는 걱정스러운 얼굴로 바라보았다.

"괜찮은 거예요?"

"어쩐 일이세요?"

"아무도 카미유를 보지 못했다고 해서 걱정돼 와 본 거예요."

"아직 죽지 않고 살아 있어요."

외젠 블로는 카미유를 옆으로 밀치고 아틀리에 안으로 들어갔다. 냉기가 감도는 아틀리에의 살풍경한 모습에 외젠 블로는 놀란 표정을 지었다.

"언제부터 이렇게 있었어요?"

"모르겠어요."

"나한테 찾아오지 그랬어요. 그래, 뭘 먹기는 했어요?"

그 말에 카미유는 힘없이 웃었다.

"세상에, 아무것도 먹지 못했군요. 이를 어째. 사람들은 당신이 잘살고 있다고 믿고 있는데 이 모양이라니. 그래요. 내 살롱에서 전시회를 열어 줄 테니 작품을 준비해요. 어떻게든 내가 팔아 볼 테니 걱정하지 말아요. 다만 돈 있는 사람들을 대상으로 하는 전시회이니만큼 그들의 마음에 들어야 해요. 자존심 상해하지 말고요."

카미유는 그의 배려가 너무나 고마웠다.

"이걸로 무얼 좀 먹어요. 불도 때고요. 거저 주는 것은 아니니까 마음 쓰지 말아요. 작품 대금을 미리 지불하는 거니까."

외젠 블로는 가지고 있던 돈을 카미유에게 건네주었다. 카미유는 그 돈을 물끄러미 바라보며 좋은 대리석을 사야겠다고 생각했다. 외젠 블로는 아틀리에에 남아 있는 카미유의 작품들을 살펴보다가 돌아갔다.

외젠 블로와 약속을 하기는 했지만 카미유는 정신적으로나 육체적으로 많이 지쳐 있었다. 그 상태로는 작업을 하는 것이 힘들었지만 카미유는 외젠과의 약속을 지키기 위해 밤낮을 가리지 않고 일에 매달렸다. 그 사이 관리인이 와서 밀린 집세를 독촉했고, 모델은 아직까지 받지 못한 모델료를 달라며 심한 욕설을 퍼붓고는 돌아갔다.

먹지도 못하고 자지도 않으면서 일을 한 카미유는 드디어 몇 점의 작품을 외젠 블로의 살롱에 내놓을 수 있었다. 모두 열세 점이었지만 판매된 것은 고작 〈애원〉과 〈소외된 사람들〉, 〈왈츠〉의 세 점에 불과했다. 다른 〈왈츠〉는 드뷔시에게 주었지만 이번에 팔린 것은 청동으로 떠 놓은 것이었다.

판매가 저조하자 카미유는 완전히 지쳐 버렸다. 아무도 그녀에게 관심을 기울이지 않았고, 그녀 역시 바깥 활동을 포기해 버렸다. 밀린 집세를 받으러 집 주인이 아틀리에로 찾아왔지만 아무런 인기척을 느낄 수 없었다. 그때도 카미유는 집에 있었다.

모든 것이 끝났다. 폴은 중국으로 가 버렸고, 이제 작품을 만들 의욕마저 없어졌다.

어느 날 카미유는 벌떡 일어나 오랜 시간 함께 지내온 작품들을 부수기 시작했다. 퍽. 쨍그랑. 투둑. 무참히 깨지는 소리가 들리더니 여기저기 파편들이 뒹굴고 작업대는 나둥그러졌다. 하지만 카미유는 멈추지 않았다. 그녀의 얼굴은 절망으로 일그러져 있었다.

카미유가 일꾼을 부르자 일꾼은 작업실의 광경을 보고 놀랐다.

"뭘 그렇게 보고만 서 있어요? 어서 이것들을 치워 버려요. 가져다 묻어 버리라구요. 몹쓸 것들. 이제 죽었으니 꼭 땅에 묻어요."

카미유는 그 말을 남겨두고 밖으로 나가 파리의 거리를 떠돌다 유령처럼 돌아와서는 다시 유령처럼 작업실에 처박혔다. 모든 것이 엉망이었다. 자신의 삶도, 사랑도, 작품도 다 끝이었다. 분노는 엉뚱하게도 자신에게 향했다. 그렇게 한 며칠 수긋하게 있다가도 카미유는 또다시 무엇엔가 휘둘리는 사람마냥 분노로 일그러진 얼굴을 하고서는 그나마 작업실에 남아 있던 집기들을 부수기 시작했다. 벽지를 찢고, 흙덩이들을 집어 내던지고, 대리석들을 망치로 깨부수었다.

카미유는 로댕이 자신을 걱정하고 있다는 사실을 알지 못했다. 설령 알았다 하더라도 그녀는 로댕에게 돌아가지도, 고마워하지도 않았을 것이다. 이제 앞날이 촉망되던 총명한 카미유 클로델은 어디에도 없었다. 다만 지치고 병색이 완연한 카미유만 있을 뿐이었다.

작업실은 점차 황폐해지고 있었다. 곳곳에 쓰레기가 방치돼 있고, 냄새가 진동했다. 카미유는 언제 음식을 먹었는지 기억도 할 수 없었다. 아니, 거의 아무것도 먹지 않았다. 가끔, 행복했던 지난날의 시간들이 현실과 혼재되기 시작했다. 로댕과 은밀한 사랑의 밀어들을 나누던 시절, 자유롭던 노장에서의 시절, 폴과 행복했던 시간들, 재앵과의 대화들…….

추억 속으로 도피했다가 문득 현실로 돌아오면 카미유는 견딜 수가 없었다. 현재를 자신의 시간에서 분리해 파기해 버리고 싶었다.

카미유는 7년이라는 긴 시간 동안 스스로를 유폐시켰다. 카미유가 이렇게 파멸의 길을 걷는 동안 로댕은 반신불수가 되고, 폴은 중국에서 영사까지 지냈다. 폴. 귀여운 동생, 폴. 카미유는 폴을 생각할 때면 마음의 평온을 느꼈다.

정신병원

잠시 파리로 돌아와 카미유를 만난 폴은 한눈에 누나의 상태가 좋지 않음을 알 수 있었다. 폴은 즉시 편지로 루이 프로스페에게 카미유의 상태를 알렸다. 당시 카미유는 방파제 옆 초라한 아틀리에에서 거의 죽은 사람처럼 지내고 있었다. 사람들은 폴에게 낡은 작업실에 세들어 살던 젊은 여자를 오랫동안 보지 못했다고 말했다. 예전에는 가끔 짐승 같은 소리로 울부짖으며 무언가 격렬하게 내던지는 소리도 들렸지만 어느 날부턴가는 그마저도 잠잠해졌고, 통 나오는 모습을 보지 못했다고 말이다. 소리마저 사라져 버린 초라한 집에서는 냄새도 지독하게 나서 머리가 다 지끈거릴 지경이라고 사람들은 투덜댔다.

3월 10일. 유난히 추운 날이었다. 하루는 병원에서 온 차가 카미유의 아틀리에 앞에 멈춰서더니 건강한 남자들이 차에서 내려 작업실의 문을 강제로 열고선 한 여자를 끌어냈다. 더러운 옷을 입고 산발한 채 얼굴에 땟국물이 흐르는 여자는 남자들을 물어뜯을 기세로 거칠게 저항했다.

"놔라. 이 손 놓지 못해?"

그녀는 짐승처럼 반항했지만 겨드랑이에 팔을 찔러 넣고 자신을 제압하는 남자들의 힘을 당해 낼 수 없었다. 사람들이 몰려들자 여자는 구경꾼들에게 이를 드러내며 욕설을 퍼부었다.

"저리 가, 이 나쁜 것들아."

사람들은 혀를 쯧쯧 차며 안타까워했다.

"세상에. 어쩜 저렇게 변해 버렸을까. 이전의 미모는 어디로 가고 거지 중에서도 상거지 꼴을 하고 있네."

"그러게. 저 여자가 정말 카미유 클로델이란 말이야?"

"불쌍도 하지. 로댕에게 버림받고 완전히 미쳐 버렸다는군."

사람들은 가지 않겠다고 완강히 버티는 그녀를 거칠게 차 안으로 밀어 넣었다. 그렇게 짐짝처럼 실려 가는 여자가 다름 아닌 카미유였다. 1912년 3월 10일의 일이었다. 강제로 차에 태워진 카미유는 어딘가로 끌려갔다. 거칠게 저항했지만 소용없었다. 자신보다 근력이 센 남자들의 힘을 당해 낼 수 없었던 것이다. 그녀는 정신병

원에 감금되었다. 그녀가 초라한 작업실에 처박혀 있는 동안 아버지 루이 프로스페가 세상을 떴지만 가족들은 아버지의 임종 사실조차 알리지 않았다. 카미유는 아버지의 임종 사실뿐 아니라 함부르크에서 아버지 장례식 때문에 귀국한 폴이 자신을 정신병원에 보냈다는 사실도 몰랐다.

코끝이 먹먹할 정도로 강한 소독약 냄새, 멍한 눈빛의 환자들, 불친절한 병원 관계자들, 어떤 환자는 소리를 질러 댔고, 어떤 환자는 히죽히죽 웃었으며, 어떤 환자는 표정을 잃어버린 얼굴로 움직임 없이 의자에 앉아 있었다. 카미유는 그곳이 싫었다. 그녀는 길들지 않은 야생 동물처럼 으르렁거렸다.

"날 보내 줘. 내가 누군 줄 알고 여기다 가둬 두는 거야? 난 카미유 클로델이야, 카미유 클로델. 너희들도 카미유 클로델이라는 이름을 한 번쯤은 들어 봤을 게 아냐? 나는 여기서 나가 작품을 만들어야 한단 말이야. 그러니 제발 나를 내보내 줘."

카미유는 소리를 질러댔다. 그리고 주먹을 불끈 쥐고 벽을 쾅쾅 쳤다. 그때마다 간호사들은 험악한 얼굴로 그녀를 나무랐다. 그래도 듣지 않으면 그들은 강제로 카미유가 잠들게 했다.

"부탁이야. 나를 내보내 줘. 아니, 폴을 불러 줘. 내 동생 폴. 그것도 안 되면 내가 편지를 쓸 테니 그걸 폴에게 전해 줘."

카미유는 애원을 했다. 하루하루가 두려웠고, 하루빨리 그곳에서 나가야 한다는 생각밖에 없었다. 나가서 만들다 만 작품도 마무리해야 하고 옥타브 미르보에게 자신의 기사도 부탁하고, 로댕도 만나야 했다. 해야 할 일이 너무 많은데 그곳에 갇혀 있을 수는 없었다.

카미유는 부탁도 해 보고, 협박도 해 보았지만 아무도 듣지 않으면 금방이라도 병원 창문을 부술 듯 덤벼들기도 했다. 그 모양은 마치 벽을 머리로 들이받는 한 마리 새처럼 보였다.

신문의 한 귀퉁이에 실린 사설을 보고 카미유가 정신병원에 입

원한 사실을 안 로댕은 예술평론가 모르하르를 내세워 그녀를 도
와주려 했지만 불행히도 제1차 세계 대전이 발발하는 통에 뜻을 이
루지 못한 채 로즈 뵈레와 함께 런던으로 떠나 버렸다. 폴 역시 함
부르크 영사를 떠나 스웨덴과 노르웨이를 거쳐 파리에 도착했다.
앙김의 정신이상자 수용소에 있던 카미유도 수용소를 옮겨야 했는
데 그곳이 바로 몽드베르그였다.

카미유는 몽드베르그의 수용소에서 자그마치 30년이라는 세월
을 보내야 했다. 카미유는 의사 미쇼에게 제발 이 정신병원에서 나
가게 해 달라는 부탁의 편지를 보냈다. 하지만 그 미쇼는 카미유를
정신병원에 수용하기 위해 폴에게 증명서를 발급해 준 의사였다.
카미유는 폴에게 제발 이곳에서 내보내 달라고 편지를 보냈다. 자
신은 아직 해야 할 일이 너무 많고 이곳은 너무 무섭다고.

하지만 아무도 카미유의 부탁을 들어주지 않았다. 카미유는 그
곳에서 하루하루 늙고, 병들어 가고 있었다. 어쩌다 한 번씩 폴이
카미유를 만나러 왔지만 루이즈와 어머니는 끝내 한 번도 카미유
를 만나러 오지 않았다.

"어머니와 루이즈가 보고 싶어."

어느 날 카미유는 폴에게 그들이 보고 싶다고 말했다.

"알았어."

하지만 그들은 새삼스럽게 혼란에 빠지고 싶지 않다며 카미유의

청을 거부했다. 카미유는 이제 상처를 받을 것도 없었다. 오랫동안 혼자였으므로 어느새 혼자 있는 것에 익숙해져 버렸던 것이다.

시간이 지나면서 카미유는 치아가 빠지고 머리카락은 하얗게 센 늙은 노인이 되어 버렸다. 젊은 시절 빛나던 아름다움은 그저 사람들의 기억 속에서나 존재할 뿐이었다. 머리숱도 성글고, 피부는 쭈글쭈글 탄력이 없었으며 건강 상태도 나빠져 갔다.

당시 카미유가 수용돼 있던 몽드베르그는 환자들에 대한 안전 대책이 전무했던 탓에 유난히 환자들의 사망률이 높았다.

가을로 접어들면서 카미유의 건강 상태는 급격히 악화되어 음식물도 삼킬 수가 없었다. 몸은 퉁퉁 부었고, 탈수 증세까지 겹쳤다.

몽드베르그 병원에서는 카미유의 가족들에게 그녀가 위급하다는 사실을 알렸다. 9월 20일 폴이 카미유를 방문하자 한 수녀는 카미유를 위해 만들었다며 용의 눈물이라는 묵주를 그에게 주었다.

1943년 10월 19일 오후 2시, 카미유 클로델은 몽드베르그 정신병원에서 79세의 나이로 사망했다. 정신병원에 수용된 지 30년 만의 일이었다. 끝내 어머니와 루이즈를 보지 못한 채였다.

천재 조각가 카미유 클로델은 로댕에 대한 사랑과 작품들을 가슴에 묻고 그렇게 조용히 눈을 감았다.

카미유 클로델은 비운의 예술가다

고독과 광기, 천재성과 열정. 카미유 클로델을 떠올릴 때마다 자연스럽게 떠오르는 단어들이다. 열정적인 천재였기 때문에 고독했으며, 그런 탓에 미칠 수밖에 없었던 여자, 카미유 클로델. 그래서일까. 그녀의 작품을 보고 있노라면 늘 가슴 먹먹한 감동을 받는다. 그녀가 빚어 놓은 작품 속의 인물들은 하나같이 슬픈 표정들이다. 자기 안의 슬픔 때문에 그럴 터인데, 막상 그녀는 조각가로서의 명성보다 로댕의 여자로 더 많이 알려져 있다. 이는 생전에도 그녀를 슬프게 하고, 안타깝게 만들었다.

카미유 클로델의 비극은 그녀가 너무 일찍 세상을 다 살았다는 데 있다. 깊고도 슬퍼 보이는 눈, 풍성한 머리카락과 아름다운 외모, 뛰어난 재능과 열정. 그 모든 것들은 축복이 아니라 그녀를 해치는 원인이 되었다. 그녀가 좀 더 이기적이고 영악했더라면 달라질 수도 있었을 것이다. 가족들에게 외면당하고, 연인에게도 버림받은 천재 예술가. 그녀는 여성이어서 더욱 슬플 수밖에 없었다.

이 평전을 쓰는 동안 화가 났다. 너무 화가 나 어떤 때는 작업을 멈추어야만 했다. 이 분노가 카미유 클로델을 향한 것인지, 로댕을 향한 것인지, 당시 사회에 대한 아쉬움인지, 그녀의 가족들에 대한 원망인지, 그 대상이 모호했다. 어쩌면 그 모두였을 것이다. 작품보다는 여성의 삶에 관심을 갖는 세상. 그녀를 보호해 주어야 할 연인과 가족들은 오히려 그녀를 외면했다. 카미유 클로델이 미치지 않았다면 오히려 더 이상한 일일 것이다.

쓰면서 고민을 많이 했다. 카미유 클로델의 작품에 초점을 맞출 것인지, 삶에 비중을 둘 것인지, 아니면 불꽃 같은 사랑에 대해 이야기할 것인지 생각이 많았다. 하지만 예술가들의 삶을 추적하고 그들의 예술적 업적을 짚어 본다는 이 시리즈 본연의 의미를 생각해 그녀의 작품과 생애에 초점을 맞추기로 했다.

아무쪼록 그녀가 지녔던 광기와 천재성, 그리고 외로움을 이해하는 데 도움이 되는 책이기를 바란다.

카미유 클로델 연보

1864년   12월 8일 프랑스 페레에서 등기소 소장인 루이 프로스페 클로델과 어머니 루이즈 아테네즈 세르보 사이에서 1남 2녀 중 장녀로 태어남.

1879년   당시 15살이던 카미유 클로델은 조각가 알프레드 부셰와 만남.

1881년   사립학교인 아카데미 콜라로 시에서 수업을 받음. 친구들과 공동 작업실을 마련하고 창작에 몰두.

1882년   〈늙은 엘렌〉 제작.

1884년   로댕의 제자가 되다. 〈열여섯 살의 폴〉 제작.

1887년   대학가에 있는 로댕의 아틀리에에서 조수로 일하기 시작. 〈밀단을 진 소녀〉 제작.

1888년   프랑스 예술가 살롱전에서 샤쿤탈라로 최고상을 수상. 〈샤쿤탈라〉(석고) 제작.

1889년   〈기도하는 여인〉 제작.

1892년   클로드 드뷔시와 친분을 맺음. 당시 카미유 클로델은 28살, 드뷔시는 30살이었음.

1893년	〈왈츠〉 전시, 〈어린 소녀 샤틀렌〉(청동) 제작.
1893년	〈대머리 클로토의 토르소〉 제작.
1894년	〈어린 소녀 샤틀렌〉 전시. 〈비상하는 신〉, 〈중년〉 제작 시작.
1895년	〈어린 소녀 샤틀렌〉(대리석) 제작.
1897년	〈뜬소문〉 샹드마르의 살롱전에 출품.
1898년	〈페르세우스와 고르고니〉 제작.
1899년	〈애원〉, 〈쪽진 머리의 소녀〉 제작. 〈클로토〉 살롱전에 출품.
1900년	〈중년〉 완성. 〈운명〉 제작.
1904년	〈플루트를 부는 여인〉 제작.
1905년	12월 14일에서 16일까지 외젠 블로의 살롱에서 작품 13점을 전시. 이 가운데 〈애원〉〈소외된 사람들〉〈왈츠〉 등 몇몇 소품만 판매된다. 〈소외된 사람들〉, 〈샤쿤탈라〉(대리석) 제작. 〈비상하는 신〉 완성.
1906년	동생 폴 클로델이 결혼과 동시에 중국으로 떠남.
1912년	3월 빌르 에브라르의 수용소로 들어갔다가 나중에 앙김으로 이송. 그후 몽드베르그 수용소로 다시 이송된다. 이곳에서 사망할 때까지 30년을 보냄.
1913년	3월 2일 아버지 루이 프로스페 클로델 사망.
1943년	10월 19일 몽드베르그 수용소에서 79세의 나이로 사망.

카미유 클로델

창조와 파괴의 여신

© 은미희, 2007

초　판 1쇄 발행　2007년 3월 28일
개정판 1쇄 발행　2013년 2월 19일
개정판 2쇄 발행　2021년 3월 10일

지은이　　은미희
펴낸이　　강병철

펴낸곳　　더이룸출판사
출판등록　1997년 10월 30일 제1997-000129호
주소　　　04047 서울 마포구 양화로6길 49
전화　　　편집부 (02)324-2347 경영지원부 (02)325-6047
팩스　　　편집부 (02)324-2348 경영지원부 (02)2648-1311
이메일　　jamoteen@jamobook.com

ISBN　978-89-5707-727-6 (44990)